UE PIÈCE, 20 CENTIMES.
581e ET 582e LIVRAISONS.

THÉÂTRE CONTEMPORAIN ILLUSTRÉ

LE PORTEFEUILLE ROUGE

DRAME EN CINQ ACTES AVEC UN PROLOGUE

PAR

MM. N. FOURNIER ET MEYER

REPRÉSENTÉ POUR LA PREMIÈRE FOIS, A PARIS, SUR LE THÉÂTRE-BEAUMARCHAIS, LE 16 FÉVRIER 1862.

DISTRIBUTION DE LA PIÈCE:

MAURICE	MM. GILBERT.	UN MAJORDOME	M. BOUVET.
LE COMTE DE KERVEGUEN, officier supérieur de marine	TALIEN.	HÉLÈNE, fille du comte de Kerveguen	Mmes ÉMILIE LARREA.
MARCEL, neveu de Faustin	BARTHOLY.	MADAME DELAUNAY, sa tante	RAMADIÉ.
M. DE FOLBERT	LUGNIER.	MISS DÉBORAH, gouvernante	VENIAT.
DUROMÉ, banquier (personnage du prologue)		JACQUELINE, femme de Faustin, personnage du prologue	BLANCHE.
FAUSTIN, serviteur de Duromé	LAPIERRE.	MADEMOISELLE DUFRÈNE, idem	EMMA ROSE.
BOUQUIN, marin	MORETTEAU.	MADEMOISELLE DUTHÉ, idem	MARIA F.
LE PÈRE LAJOIE, idem	DAMEN.	MADEMOISELLE FEL, idem	ELLEN G.
DANIEL, idem	ARMAND.	URSULE, femme de chambre	IMMA.
GARNIER, chirurgien de marine	GODARD.	UN MOUSSE	NATIVA.
VESTRIS, personnage du prologue	JOSSELIN.	MARINS, INVITÉS A LA FÊTE, DOMESTIQUES.	
CHASSÉ, idem	DUFRESNE.	UN SINGE	M. NÉGRIEN.

L'action se passe en 1770.

— Tous droits réservés —

PROLOGUE

LA NUIT DU 15 FÉVRIER

Un petit salon élégamment meublé style Louis XV : à droite, une porte conduisant à la salle à manger; au fond, porte d'entrée pour le dehors; à gauche, une fenêtre ouvrant sur un balcon.

SCÈNE PREMIÈRE.

FAUSTIN, JACQUELINE.

(Faustin est étendu sur un sofa et ronfle.)

JACQUELINE, venant de la gauche et regardant Faustin. Par sainte Gudule! le voilà qui ronfle!... (Appelant.) Faustin!... (Le secouant.) Hé! mon homme!... hé! Faustin!...

FAUSTIN, se réveillant brusquement et se mettant sur son séant. Hein? quoi? qu'est-ce que c'est?...

JACQUELINE. Je te demande un peu ce que tu fais là?...

FAUSTIN. Moi?... Je... je nettoyais les meubles.

JACQUELINE. En te couchant dessus, comme à l'ordinaire, vieux fainéant!...

FAUSTIN. Jacqueline, tes expressions sont dures à digérer.

JACQUELINE. Sois tranquille, va!... M. Duromé, notre maître, t'en fera avaler bien d'autres.

FAUSTIN. C'te farce! M. Duromé ne viendra pas de sitôt, puisqu'il est en voyage.

JACQUELINE. C'est ce qui te trompe; il est à Paris depuis deux jours, et il va venir, ce soir, souper à Passy.

FAUSTIN, changeant de position et s'asseyant sur le sofa. Hein! ici?

JACQUELINE. Ici, dans sa petite maison.

FAUSTIN. Qu'est-ce qui t'a dit ça?...
JACQUELINE. Joseph, son valet de chambre, qui est là avec des paniers pleins de provisions... un souper complet, pour la société ordinaire, quoi!... des gens de finance, comme lui, des hommes de qualité, des femmes, et Dieu sait quelles femmes !... Si ce n'est pas honteux, à son âge, un homme marié!... Ah! si tu m'en faisais autant, toi !... Enfin, tout ça sera ici dans une heure ou deux.
FAUSTIN, se levant brusquement. Nom d'un phoque! comme disait mon amiral, il n'est plus temps de rire... Allons, femme, veux-tu bien te trémousser un peu, que diable!... Va à la cave, mets le couvert, vite, dépêchons, paresseuse!...
JACQUELINE. J'aime bien ça, par exemple!... Mais le couvert est prêt et le souper aussi.
FAUSTIN. Tu m'assures que rien ne manque, et qu'on peut s'en reposer sur toi?
JACQUELINE. Eh, oui !
FAUSTIN. Suffit! alors, je m'en repose. (Il va se remettre sur le sofa. On entend parler au dehors.)
JACQUELINE. Qui vient là?... (La porte s'ouvre.)
FAUSTIN, se levant. Tiens ! c'est Marcel, mon filleul.

SCÈNE II.

Les Mêmes, MARCEL.

MARCEL. Le v'là !... Bonjour, parrain !... (Il l'embrasse.) Bonjour, marraine. (Il veut embrasser Jacqueline.)
JACQUELINE, le repoussant. Doucement !... Je ne suis pas ta marraine.
MARCEL. G'te bêtise! puisque vous êtes la femme de mon parrain...
FAUSTIN. Nigaud !... va !... (Il le pousse et le fait pirouetter.)
MARCEL, riant d'un gros rire. Ah! ah! ah! est-il gentil, mon parrain !... (Jacqueline va et vient pendant cette scène.)
FAUSTIN. Ah ça ! quel vent saugrenu t'amène ici, mon garçon ?...
MARCEL. Je vas vous expliquer la chose... Y'là cinq ans, vous savez, que je suis à la charge de feu mon oncle ; mais, tout à coup, feu mon oncle est décédé, afin que vous le sachiez... Comprenez-vous?
FAUSTIN. Oui, je comprends que le défunt n'est pas vivant, imbécile !...
MARCEL. Oui, l'imbécile !... A preuve qu'il ne m'a pas laissé un sou !... les mauvaises pratiques l'ont ruiné !... Alors, il y a des gens qui m'ont dit : « Puisque te v'là sur le pavé, mon garçon, faut tirer parti de ton éducation. »
FAUSTIN. Ton éducation?... Qu'est-ce que tu sais donc?
MARCEL. Je sais grimper aux mâts de cocagne.
FAUSTIN. Eh bien?
MARCEL. Eh ben, ils m'ont dit : « Fais-toi mousse, c'est un état tout trouvé. »
FAUSTIN. Pas si bête !... Et tu t'es engagé?...
MARCEL. Sur un beau bâtiment qui va partir de Brest pour l'île Bourbon... il n'attend plus que moi... J'ai voulu vous dire adieu, ainsi qu'à ma marraine... mais v'là-t-il pas qu'en route il m'est venu une autre idée?
FAUSTIN. Bah! Laquelle ?...
MARCEL. J'aimerais mieux, si ça vous était égal, rester ici, à votre charge.
FAUSTIN. Eh bien, en v'là une... charge!
MARCEL. C'est que j'ai peur, voyez-vous, de n'avoir pas le pied marin... (Montrant Jacqueline qui passe.) Mes deux pieds, c'est quasiment tout pareil à ceux de la marraine... c'est fait pour le plancher des va...
JACQUELINE. Malhonnête !... (Elle lui donne un soufflet.)
MARCEL. Oh!
FAUSTIN. C'est bien fait !... Tu ne sais pas ce que tu refuses... je peux t'en donner des nouvelles... moi.
MARCEL. Des nouvelles... de quoi?...
FAUSTIN. De la profession, qui est superbe et lucrative. Ah !... d'abord, tu vas dans des pays chauds... c'est déjà une économie d'habillement.
MARCEL. On n'a donc pas de nippes, là-bas?
FAUSTIN. Ce serait un luxe indécent !... Mais, par exemple, il faut de fortes chaussures.
MARCEL. Pourquoi donc?...
FAUSTIN. A cause du pavé de l'endroit !... Des rubis, des saphirs, des perles fines et autres diamants, qui sont les cailloux du pays.
MARCEL, ébahi. Tiens ! tiens !... Vous avez vu ça, vous?
FAUSTIN. Si je l'ai vu !... C'est depuis ce temps-là que j'ai des éblouissements... tous les soirs, après souper.
MARCEL. Sapristi !... Et vous n'avez pas rapporté de ces cailloux-là ?...

FAUSTIN. Les habitants avaient défendu l'exportation... Heureux Marcel! tu verras la population, comme c'est bâti nom d'une tortue !... les femmes surtout !...
MARCEL. Les femmes tortues?... Et le costume?...
FAUSTIN. Tout corail !... depuis le collier jusqu'aux bracelets ! Et quelles femmes !... des princesses ou des nymphes !...
MARCEL. Des nymphes de vrai?...
FAUSTIN. Qui dansent comme des sirènes et qui chantent comme des bayadères!
MARCEL, transporté. Ça m'irait joliment, à moi, qui ai tant de dispositions !... (Il chante :) Tra, la ! (Il fait des pas de danse, et, rencontrant Jacqueline, il la prend par la taille et danse avec elle.)
JACQUELINE, se débattant. Ah ça! veux-tu bien...
MARCEL. Pardon, excuse, marraine, je vous prenais pour une nymphe !...
JACQUELINE. Insolent !... (Elle lui donne un soufflet sur l'autre joue.)
MARCEL. Oh !... ça fait la paire !...
FAUSTIN, riant. Ah! ah! ah !... Voilà ce que c'est que d'avoir la tête chaude!...
MARCEL, se frottant la joue. Pour chaude, oui, elle l'est !
FAUSTIN. Ah ça ! quand pars-tu?
MARCEL. Tout de suite, par la patache...
FAUSTIN. Mais la patache ne part que demain matin, d'ici là?...
MARCEL. D'ici là, je resterai avec vous.
FAUSTIN. Ah bien, oui ! et M. Duromé qui va venir! Il nous a bien défendu de recevoir qui que ce soit.
MARCEL. Mais je ne suis pas qui que ce soit, moi; un filleul, ça ne couche pas à la porte...
JACQUELINE. Il y a bien une espèce de niche...
MARCEL. Une niche!...
JACQUELINE. Je veux dire un petit coin, sous le hangar qui est de l'autre côté du parc, près de l'ancien pavillon de M. Folbert. Personne ne le verra; il dormira là sur la paille fraîche, et il décampera avant le jour.
MARCEL. Je me blottirai là comme un lapin...
FAUSTIN. En attendant, il faut te rendre utile... Allons, essuie-moi ces verres, range-moi ces bouteilles... (Il montre un panier de vin que Jacqueline a apporté.) Je veux regarder comment tu t'y prendras. (Il se remet sur le sofa.)
JACQUELINE, à Faustin. Alerte ! voici quelqu'un. (Faustin se remet sur ses pieds.)

SCÈNE III.

Les Mêmes, FOLBERT. Marcel est occupé, dans un coin, à ranger les bouteilles qu'il tire du panier.

FAUSTIN, saluant. Monsieur de Folbert...
FOLBERT, préoccupé. Bonjour, Faustin, bonjour !.. Duromé n'est pas là?...
FAUSTIN. Pas encore.
FOLBERT. Mais il doit venir?...
FAUSTIN. Nous l'attendons.
FOLBERT, à part. Je m'en doutais.
FAUSTIN. Il y a bien longtemps que nous n'avons vu monsieur de Folbert, un ancien habitué de cette maison... Est-ce que monsieur aurait cédé le pavillon qu'il occupait autrefois dans le parc?
FOLBERT. Non.
FAUSTIN. J'avais tant de plaisir à servir monsieur de Folbert, dont les manières sont si généreuses!... Est-ce que monsieur aurait fait un voyage?
FOLBERT. Oui.
FAUSTIN. Avec M. Duromé?
FOLBERT. Non.
JACQUELINE, à Faustin. Tu fatigues monsieur, avec tes questions! (A Folbert.) Est-ce que monsieur est du souper?
FOLBERT. Ah?... Duromé vient souper... seul?
JACQUELINE. Oh! non, avec beaucoup de monde...
FOLBERT, à part. Diable ! voilà qui dérange mon projet...
JACQUELINE. Vous ne le saviez pas?
FOLBERT, un peu embarrassé. Si fait !... mais je n'étais pas sûr du jour.
FAUSTIN. En effet, ce costume...
FOLBERT. Est un peu négligé, n'est-ce pas, pour la circonstance?... Mais bah !... un ami... Je vais l'attendre. (Il va à la fenêtre qu'il ouvre.)
FAUSTIN. A votre aise... (A Marcel.) Allons, Marcel...
MARCEL, qui tient une bouteille à la main, se retourne et aperçoit Folbert. Ah ! (Il laisse tomber la bouteille qui se casse.)
FAUSTIN. Ce maladroit !... Qu'est-ce qu'il a?...
MARCEL. Chut !... (Prenant Faustin et Jacqueline à part.) C'est lui !
FAUSTIN. Eh bien?

JACQUELINE, à Marcel. Est-ce que tu le connais?
MARCEL, bas. Si je le connais!... J'ai son souvenir gravé là... (Il montre ses reins.)
FAUSTIN, criant. Sur ton dos!...
MARCEL. Plus bas!... V'là ce que c'est... Il y a deux mois... je suis allé avec feu mon oncle... qui n'était pas encore mort,.. pour demander à ce monsieur-là le prix d'un attelage superbe... Il nous a d'abord envoyés promener... et comme mon oncle regimbait, il a fait signe à un grand diable de laquais... et lui d'un côté, le laquais de l'autre, ils sont tombés sur nous à grands coups de gaule... J'ai dégringolé l'escalier par-dessus mon oncle... J'en ai encore les marques.
FAUSTIN, riant. Ah! ah! si tu m'en crois, ne t'en vante pas.
MARCEL, à part. Oui, c'est bien lui, le brutal qui... (Folbert se retourne. — Haut et saluant.) Votre serviteur de tout mon cœur.
FOLBERT. J'ai vu quelque part la figure de ce drôle.
MARCEL, à part. La figure? Ça m'étonne. (Prenant Faustin à part.) Dites donc, parrain, à présent que me voilà héritier de mon oncle, c'est à moi que le chevalier doit l'argent...
FAUSTIN. Eh bien, demande-le-lui, et il te payera... dans la même monnaie.
MARCEL, vivement. Merci, je l'en tiens quitte! (Il sort en se frottant les reins.)
FAUSTIN. Nous vous laissons, monsieur de Folbert.
FOLBERT. Allez, mes amis, allez. (Faustin et Jacqueline sortent.)

SCÈNE IV.

FOLBERT, seul. Il doit venir souper ici... et sans doute y passer la nuit... Il faut que je le voie, que je lui parle ce soir même!... le maudit usurier... J'ai eu tort de me brouiller avec lui, au sujet de cette belle Duthé, pour qui je m'étais ruiné jusqu'au dernier sou!... Depuis ce jour-là, il m'a fermé sa bourse, son crédit, jusqu'à sa porte!... Il faut pourtant que je le voie... il faut qu'il me rende cette lettre de change que je lui ai fait accepter autrefois, sur la signature d'un banquier allemand... Cette fatale lettre de change échoit demain; demain, elle sera reconnue fausse!... Duromé, furieux, ne manquera pas de me dénoncer, de me perdre... je le connais... Il faut parer le coup, à tout prix! Je lui ai écrit qu'on se présenterait demain matin à neuf heures, ici, pour lu solder de ma part... donc, il aura pris soin de l'avoir sur lui... Mais je comptais qu'il viendrait seul, et, dans ce cas, j'aurais pu, de gré ou de force... Mais ces amis qu'il attend!... N'importe! à tout hasard, ménageons-nous les moyens de pénétrer ici cette nuit... (Il va au balcon.) J'aurai pour retraite mon pavillon, à l'autre bout du parc, et la rivière à traverser tout près de là... A présent... (Il pousse le dos d'un fauteuil, et casse une vitre.)

SCÈNE V.

FOLBERT, FAUSTIN et MARCEL.

FAUSTIN, accourant au bruit. Par la sainte Barbe! qu'est-ce qui casse les vitres?
FOLBERT. Parbleu! je suis un grand maladroit! C'est en reculant ce fauteuil...
FAUSTIN. Oh! ça peut arriver à tout le monde.
MARCEL. C'est vrai, ça! Et moi-même, qui ne suis pas manchot...
FAUSTIN. Diable! à cette heure-ci, comment faire pour trouver un vitrier?...
FOLBERT. Bah! vous ferez remettre ça demain... En attendant, je connais le proverbe... (Il fouille à sa poche.) Qui casse les verres...
MARCEL, tendant la main. Les paye.
FOLBERT, donnant de l'argent à Faustin. Voici pour réparer ma sottise.
FAUSTIN. Deux louis!
FOLBERT. Le reste est pour votre peine, mon vieux baleinier.
FAUSTIN. Ah! monsieur le chevalier! toujours généreux!
MARCEL, à part. Le ladre! il paye la casse des vitres, et il ne paye pas celle des membres! (Il se frotte les reins.)
FOLBERT, qui est allé prendre son chapeau. Décidément, je n'attendrai pas votre maître... Je me rappelle certaine affaire, à Paris.
FAUSTIN, bas. Quelque rendez-vous galant?
FOLBERT. Peut-être... Surtout ne dites pas à Duromé, ni à personne, que je suis venu... ils n'en voudraient de leur avoir faussé compagnie...
FAUSTIN. N'ayez pas peur... muet comme un poisson!..
JACQUELINE, accourant. Alerte! voici déjà un carrosse, et deux belles dames qui en descendent.
FOLBERT, montrant la gauche. Je vais sortir par là... (A Faustin.) Je compte sur votre discrétion. (Il sort.)

SCÈNE VI.

LES MÊMES, excepté FOLBERT.

FAUSTIN, à Marcel. Allons, mousse, file ton nœud, et va te coucher... Surtout, pas de mauvais rêves!
MARCEL. Au contraire... je penserai à ce que vous m'avez conté... des perles, des diamants et des princesses... à ramasser partout!...
FAUSTIN. Il est déjà tard, et il faut que tu sois dehout avant le jour...
MARCEL. Oh! soyez tranquille, je me rattraperai, je dormirai vite. (Il sort avec Faustin à droite.)
JACQUELINE, au fond. Par ici, mesdames! (Elle introduit et sort.)

SCÈNE VII.

MADEMOISELLE FEL, MADEMOISELLE DUFRÊNE, puis DUROMÉ et MADEMOISELLE DUTHÉ. Duromé porte un pardessus à la rhingrave. — Les dames sont en grande parure.

MADEMOISELLE DUFRÊNE, entrant avec agitation. Ah! j'en suis encore furieuse!
MADEMOISELLE FEL, entrant en éclatant de rire. Ah! ah! ah! c'est très-comique!...
MADEMOISELLE DUFRÊNE, de même. Comment!! vous riez?...
MADEMOISELLE FEL, de même. Ah! chère amie, laissez-moi... Ah! quelle aventure!
MADEMOISELLE DUFRÊNE, dépitée. Je croyais que l'Opéra avait plus de cœur, ma chère demoiselle Fel!
MADEMOISELLE FEL, de même. Je croyais que la finance avait plus d'esprit, ma chère demoiselle Dufrêne... Ah! ah! ah!
MADEMOISELLE DUFRÊNE. Finirez-vous?
DUROMÉ, entrant avec mademoiselle Duthé. Eh bien, eh bien, qu'y a-t-il?
MADEMOISELLE FEL. Ah! c'est monsieur Duromé avec mademoiselle Duthé.
DUROMÉ. Eh! mais, on se disputait, je crois?
MADEMOISELLE DUTHÉ. De si bonnes amies!
DUROMÉ. Allons, allons, belles dames, nous sommes réunis pour nous divertir, et ces airs de Junon courroucée...
MADEMOISELLE DUFRÊNE. Vous allez juger si j'ai tort... J'étais hier, à l'Opéra, applaudissant de tout cœur au succès de mademoiselle Fel, qui me paraît si peu reconnaissante... Voulant partir avant la fin, j'avais recommandé à mon cocher de prendre la tête des carrosses, mais les gens du guet ne l'ont pas permis... Pourquoi? parce que mes panneaux ne portent pas d'armoiries; si bien que j'ai été obligée d'attendre à pied devant la porte, exposée aux rires et aux quolibets de tous les gens titrés et de leur valetaille, un tas d'espèces sans le sou qui avaient sans doute monté ce petit complot pour se venger de mon opulence et de mon luxe, qui les écrasent!
MADEMOISELLE FEL. Mais voyez donc comme elle prend les choses au sérieux!
MADEMOISELLE DUTHÉ. Elle a raison, et à sa place, moi, je me vengerais.
MADEMOISELLE DUFRÊNE. Me venger? Oui! dût-il m'en coûter la moitié de ma fortune!... Mais comment?
MADEMOISELLE DUTHÉ. Il y a un moyen : faites peindre des armoiries sur votre carrosse.
MADEMOISELLE DUFRÊNE. Y pensez-vous? Et le lieutenant de police, il me le défendra.
DUROMÉ. Non pas, si vous achetez ce droit.
MADEMOISELLE DUFRÊNE. L'acheter!
DUROMÉ. C'est facile, en épousant un marquis ou un comte.
MADEMOISELLE DUTHÉ. Tiens! quelle idée!... Et où ça se trouve-t-il cette marchandise-là?
DUROMÉ. Bon! il n'en manque pas à Paris!
MADEMOISELLE DUFRÊNE. Oh! si j'en connaissais un, fût-il laid comme le péché et pauvre comme Job, je lui donnerais ma main, les yeux fermés.
DUROMÉ. J'ai peut-être votre affaire.
TOUTES LES FEMMES. Bah!
DUROMÉ. Il y a de par le monde un pauvre diable, porteur d'un beau nom... du moins je le crois... qui s'est présenté chez moi sous le simple nom de Maurice, peintre en miniature... il m'était recommandé par un grand seigneur, mon ami le duc de Châtillon, qui y met de la discrétion... Le personnage est, dit-il, d'une très-haute naissance, mais il la dissimule à cause de sa pauvreté.
MADEMOISELLE DUFRÊNE. Il est vieux?
DUROMÉ. Vingt-deux ans, tout au plus, et beau garçon!
MADEMOISELLE DUTHÉ. Mais c'est un phénix!

MADEMOISELLE FEL. Une trouvaille! Est-elle heureuse cette Dufrêne!
MADEMOISELLE DUFRÊNE. Eh bien, présentez-le-moi!
DUROMÉ. Je l'attends!... Il m'a écrit qu'il avait à me parler pour une affaire pressée, et je lui ai donné rendez-vous ici... Mais nos amis sont bien en retard!
JACQUELINE. Voici M. Chassé, de l'Opéra.
DUROMÉ. Notre grand chanteur
JACQUELINE. Avec M. Vestris.
DUROMÉ. Le *diou* de la danse!

SCÈNE VIII.

LES MÊMES, CHASSÉ, VESTRIS.

CHASSÉ, entrant. Mes compliments à la compagnie! (Il chante.) Tra la la la! (Il fait un couac.) Je suis enroué aujourd'hui.
VESTRIS, s'élançant du fond du théâtre. Me voilà!... Mille révérences, belles dames; salut à l'aimable financier... Flic! flac! (Il fait des pas.)
CHASSÉ, montrant sa gorge. Félicitez-moi, j'ai retrouvé mon sol!
VESTRIS, s'enlevant. Et moi, ze perds le mien!
CHASSÉ, filant un son. La la la... (Il fait un couac.)
VESTRIS, faisant des pas. Flic! flac! (Il lui donne un coup de pied.)
DUROMÉ, entousiasmé. Tous les arts réunis!
MADEMOISELLE DUFRÊNE, montrant Duromé. Par notre cher Mécène.
VESTRIS, à mademoiselle Dufrêne. A propos, ma toute sarmante, il n'est brouit que de votre aventoure... Mais ze vous ai dezà venzée.
MADEMOISELLE DUFRÊNE. Vous! comment?
VESTRIS. Zai refousé mes zambes à ce petit *pince* de Hesse qui voulait me faire danser *sez loui*. « Mille écou? — Non. — Deux mille? — Non. — Trois mille?... » Zai tenou bon, et ze vous ai sacrifié dix mille livres d'entressats... Flic! flac!
MADEMOISELLE DUFRÊNE. Vous êtes un homme charmant. (A Duromé.) A propos d'argent, voici les trente mille francs que vous m'avez prêtés, un soir, pour payer une dette de jeu...
CHASSÉ. A ce gros abbé qui me les avait gagnés sur parole.
DUROMÉ. Quoi! c'était pour M. Chassé?... (A mademoiselle Dufrêne.) Ah! friponne!...
MADEMOISELLE DUTHÉ, à Duromé. Eh bien, quoi! Monsieur Duromé, quelles intentions aviez-vous donc?
DUROMÉ. Rien, ma belle jalouse!... Je ne pense qu'à vous... (Montrant l'argent qu'il serre dans son portefeuille.) Et vous en aurez la preuve!
FAUSTIN, en livrée, entrant. Le souper est servi!
DUROMÉ. Mais... nos autres convives?...
FAUSTIN. Ces messieurs vous attendent là... avec les violons!
TOUS. Les violons!...
DUROMÉ. Oui, je vous ai ménagé une surprise au dessert! Nous entendrons Chassé et mademoiselle Fel!
VESTRIS. Et moi, ze m'enlèverai au plafond; mais, prenez-y garde, avant que ze redescende, vous aurez le temps de retourner à Paris!
DUROMÉ. Allons, la main aux dames!
VESTRIS. Z'ouvre la marce! (Il prend mademoiselle Fel par la main.) Flic! flac! (Duromé ôte son pardessus qu'il dépose sur le sofa, puis il donne la main à mademoiselle Duthé, et Chassé à mademoiselle Dufrêne; quand ils entrent dans la salle à manger, on entend des acclamations.)

SCÈNE IX.

FAUSTIN, puis JACQUELINE et MAURICE.

FAUSTIN, seul. Vont-ils s'en donner! Il me restera bien quelques bouteilles!
JACQUELINE, introduisant Maurice. Entrez, monsieur!
FAUSTIN, se retournant. Qu'est-ce que c'est?
JACQUELINE. C'est monsieur qui demande M. Duromé...
FAUSTIN, à Maurice. Est-ce que monsieur est un convive?
MAURICE, la chapeau à la main. Non, monsieur!
FAUSTIN, à part. En effet, cet habit râpé... ces manières polies... c'est quelque pauvre diable! (Haut.) M. Duromé ne reçoit pas!...
MAURICE. Pourtant, monsieur, j'aurais absolument besoin de lui parler!
FAUSTIN, haussant le ton. C'est possible; mais lui, il n'a pas besoin d'être dérangé!
MAURICE. De grâce! mon ami...
FAUSTIN, de même. Je ne suis pas votre ami, entendez-vous?
MAURICE, mettant son chapeau. En effet, vous n'êtes qu'un laquais insolent!
FAUSTIN. Monsieur!...

MAURICE. Annoncez-moi... M. Maurice!...
FAUSTIN, baissant le ton. Mais...
MAURICE. Il m'attend!
JACQUELINE, à Faustin. Ah! s'il l'attend.
FAUSTIN. Il fallait donc le dire tout de suite! Vas-y, femme! (Jacqueline sort. A Maurice avec empressement.) Donnez-vous donc la peine de vous asseoir!
MAURICE, à part, sans l'écouter. Pourvu qu'il ne me refuse pas! C'est mon dernier, mon suprême espoir!...
FAUSTIN, le suivant avec une chaise. Monsieur me rendra la justice de dire...
DUROMÉ, entrant, à la cantonade. Je reviens!... Entamez le champagne! (A Faustin.) Faustin! A la cave, mon ami... et remontez du meilleur! Ouf!... (Il s'évente avec sa serviette.) Je ne suis pas fâché de respirer un peu! (Faustin sort après avoir allumé deux bougies.)

SCÈNE X.

DUROMÉ, MAURICE.

DUROMÉ, à Maurice qui le salue. C'est vous qui êtes monsieur Maurice, dont ce cher ami le duc de Châtillon m'a parlé?...
MAURICE. Il m'honore, en effet, de sa bienveillance... Excusez-moi, monsieur, de vous avoir dérangé...
DUROMÉ. Il n'y a pas de mal... la vapeur du vin commençait à me porter à la tête! D'ailleurs, moi aussi je voulais vous voir... (Se frottant les mains.) J'ai une jolie petite affaire à vous proposer... mais dites-moi d'abord la vôtre!...
MAURICE. Monsieur, je venais à vous dans une circonstance extrême...
DUROMÉ. Vous avez besoin d'argent?... Nous autres financiers, nous sommes habitués à ces visites-là! Qu'est-ce qu'il vous faut?...
MAURICE. Quarante mille livres...
DUROMÉ. C'est beaucoup...
MAURICE. Cette somme m'est indispensable... Il y va, monsieur, de l'honneur de toute une famille... la mienne!...
DUROMÉ. Je vois ce que c'est : vous avez fait des folies... vous avez joué!...
MAURICE. Moi, monsieur!... Vous implorerais-je pour moi?
DUROMÉ. Alors, expliquez-vous!...
MAURICE. C'est un malheur que je n'ai encore confié à personne... Le mari de ma sœur... un comptable... a eu la faiblesse de prêter de l'argent... qui ne lui appartenait pas... un dépôt... et le misérable emprunteur, un certain Didier, vient de l'emporter!... Il faut qu'aujourd'hui même cet argent soit remplacé, ou ma famille est déshonorée!... Un pareil coup, ah! monsieur, d'honnêtes gens comme nous n'y survivraient pas!
DUROMÉ. Calmez-vous, jeune homme! Vous avez de bons sentiments... des sentiments de gentilhomme!... Dites-moi, ce nom de Maurice... un simple nom de baptême, n'est-ce pas? On dit que vous appartenez à une famille noble...
MAURICE. Permettez-moi, monsieur, de vous cacher son nom... surtout dans les tristes circonstances où j'ai recours à vous!...
MAURICE. Très-bien; mais s'il en est ainsi, si vous êtes en effet porteur d'un titre de noblesse, il dépend de vous de faire votre fortune!
MAURICE. Comment cela, monsieur?
DUROMÉ. Par un mariage!...
MAURICE. Un mariage!...
DUROMÉ. Avec une personne qui n'est plus tout à fait de la première jeunesse, mais qui jouit d'une opulence princière!
MAURICE, indifféramment. Ah! une veuve?...
DUROMÉ. Non.
MAURICE, étonné. Demoiselle?...
DUROMÉ. Non
MAURICE. Plaît-il?
DUROMÉ. Célèbre d'ailleurs par sa beauté... heureuse d'assurer l'avenir d'un honnête jeune homme...
MAURICE. Assez, monsieur, je vous prie... ne me la nommez pas!...
DUROMÉ. Comment?
MAURICE. Je reconnais vos bonnes intentions... mais je refuse... je dois refuser!...
DUROMÉ. Pourtant, dans la situation où vous vous trouvez...
MAURICE. Précisément, monsieur... Je veux prévenir un déshonneur, ce n'est pas pour en accepter un autre!
DUROMÉ. Monsieur!
MAURICE. Pardon...
DUROMÉ. Je devine... Vous aimez quelque autre personne?
MAURICE. Eh bien, oui, monsieur, oui, de toutes les forces e mon âme!... Ah! si vous la connaissiez!... Un ange de

beauté, de candeur... par qui seul j'existe depuis que j'ai perdu ma mère, et à laquelle, hélas! je ne puis aspirer maintenant!... Elle ignore même mon amour!... Mais votre appui, monsieur, pourrait me rapprocher d'elle... Ah! si j'avais le bonheur de vous intéresser!...

DUROMÉ. Je vous ai posé mes conditions...
MAURICE. Je vous en supplie, monsieur, n'insistez pas!...
DUROMÉ. Soit, n'en parlons plus!... Je regrette la peine que vous avez prise...
MAURICE. Quoi, monsieur?...
DUROMÉ. J'aurais voulu faire honneur à la recommandation de mon bon ami le duc; mais il me serait impossible de prêter une si forte somme sans une bonne garantie...
MAURICE. Une garantie!... N'est-ce que cela?... J'en ai une à vous offrir!... Tenez, monsieur, ce gage vous suffit-il? (Il tire un écrin de sa poche.)
DUROMÉ. Qu'est-ce que cela?
MAURICE. Une parure qui vient de ma mère...
DUROMÉ. Des diamants!... Laissez-moi voir... (Il s'approche de la lumière. A part.) Des diamants de la plus belle eau!... Oui... en vérité!... cela vaut bien quatre-vingt mille livres!... Moi qui ai promis un cadeau à cette chère Duthé!... Quelle occasion!... (Haut.) Tout bien considéré, je ne suis pas un prêteur sur gages!...
MAURICE, découragé. Ah! monsieur!...
DUROMÉ. Mais j'achète volontiers des bijoux qui me font honneur!
MAURICE. L'acheter!... Jusqu'à ce jour, monsieur, et malgré des extrémités bien pressantes, je n'ai jamais voulu m'en défaire... Mais pour sauver ma sœur, pour sauver l'honneur des miens... ma mère, tu me pardonneras ce sacrifice!... (A Duromé.) Combien m'en offrez-vous, monsieur?
DUROMÉ. Ma foi, estimant cela au plus juste prix... en conscience, et avec l'intention de vous obliger, je vous donnerai la somme dont vous avez besoin... quarante mille livres!...
MAURICE, à part. Ah! si j'avais d'autres ressources!... Mais non... le temps presse!
DUROMÉ. Eh bien, est-ce marché conclu?
MAURICE. Soit, monsieur, j'accepte!
DUROMÉ, posant l'écrin sur un meuble et allant prendre un portefeuille dans son pardessus. Parbleu! vous êtes bien heureux que j'aie précisément la somme ici... On vient de me rembourser trente mille livres, qui, avec cet appoint en billets de caisse... (En ce moment une main passe par le carreau brisé, et ouvre sans bruit l'espagnolette du balcon. Un homme masqué paraît.)
L'HOMME MASQUÉ, à part. Il est là!... Mais il n'est pas seul... (Il se cache derrière le rideau.)
DUROMÉ. Vous allez me faire votre reçu!
MAURICE. C'est trop juste! (Il se met à table.)
DUROMÉ, dictant. « Reçu quarante mille livres de M. Duromé pour prix d'une parure : bracelet, collier, croix. » Et vous signez...
MAURICE. Signer?...
DUROMÉ. Il le faut bien!
MAURICE, après un peu d'hésitation. Allons! (Donnant le reçu.) Tenez, monsieur!...
DUROMÉ, après avoir lu. Ah! c'est là votre nom?...
MAURICE. Le secret, monsieur... je vous en prie!
DUROMÉ. A la bonne heure!... Tenez, jeune homme, voici les valeurs!
MAURICE. Merci, monsieur!... Allons! l'honneur du moins sera sauvé!
DUROMÉ, le reconduisant jusqu'à la porte. Bien des choses à mon bon ami le duc! (Il ferme la porte du fond au verrou.) La! on ne me dérangera plus. (Il revient et remet le portefeuille dans la poche de son pardessus.) Excellente affaire! (Bruit et éclats de rire dans la pièce à côté.) Voilà qui commencent! (On crie : « Monsieur Duromé! monsieur Duromé! »)
MADEMOISELLE DUFRÈNE et VESTRIS, paraissant sur la porte. Mais venez donc, mon cher, venez donc vite!
DUROMÉ. Me voilà! me voilà! (Il entre à droite; les rumeurs continuent après son entrée.)
L'HOMME MASQUÉ, sortant de derrière le rideau. Seul, enfin!... Tout me sert à souhait!... (Montrant le sofa sur lequel est resté le pardessus.) Le portefeuille est là... il doit renfermer la lettre de change... Allons, presto! (Il se dirige vers le sofa où est le pardessus, retire le portefeuille et l'ouvre pour vérifier le contenu; pendant ce temps, on chante en dehors.)

Air de M. Gorssas.

Du vin, chantons l'ivresse,
Et celle du plaisir!...
C'est la double déesse
Que chacun doit servir!

(Trouvant la lettre de change.) La voilà!

DUROMÉ, rentrant tout à coup. Étourdi! j'ai oublié l'écrin! (En se dirigeant vers le meuble sur lequel est l'écrin, il aperçoit l'homme masqué.) Un homme ici!... Qui êtes-vous?
L'HOMME MASQUÉ. Silence! si vous parlez, vous êtes mort! (Il le saisit.)
DUROMÉ. Laissez-moi!
L'HOMME MASQUÉ, tirant un poignard. Ah! tu veux m'échapper? (Il va fermer le verrou de la porte de droite.)
DUROMÉ. Au secours! (Une lutte s'engage.)

CHŒUR, en dehors.

Du vin chantons l'ivresse,
Et celle du plaisir, etc.

(Pendant la lutte, le masque de l'inconnu se dérange.)

DUROMÉ. Folbert!...
FOLBERT. Ah! tu m'as reconnu?... Meurs donc!
DUROMÉ. A moi!... Ah!... (Il tombe. —Rires et bravos en dehors.)
FOLBERT, serrant le porte feuille. J'ai le portefeuille, (Prenant l'écrin sur la table.) et cet écrin... (On appelle en dehors : « Duromé! Duromé! ») Dépêchons!... (Il souffle les bougies et regagne le balcon. On crie de nouveau : « Duromé! Duromé! » et l'on frappe en dehors à la porte.) Il était temps! (Il disparaît.)

SCÈNE XII.

DUROMÉ, étendu par terre, FAUSTIN, JACQUELINE, et TOUS LES CONVIVES.

(On frappe à coups redoublés en dehors.)

FAUSTIN, entrant. Pas de lumière? (Appelant.) Monsieur Duromé!... Personne?... Hé! Jacqueline! éclaire-nous! (Jacqueline apporte des bougies; on a enfoncé la porte et tous paraissent.)
CHASSÉ, le verre à la main. Eh bien, ce Duromé, où est-il? (Apercevant le corps de Duromé.) Ah!... N'entrez pas, mesdames, n'entrez pas!
FAUSTIN, se penchant sur lui. Mort!
TOUS. Mort!
FAUSTIN. Assassiné!
CHASSÉ. Assassiné!... Qui donc était là avec lui?
FAUSTIN. Ah! ce jeune homme... tu sais, Jacqueline!...
JACQUELINE. M. Maurice? Je l'ai vu partir en courant!
FAUSTIN. C'est lui! le malheureux! C'était pour le voler!
MADEMOISELLE DUFRÈNE. Je venais de lui remettre trente mille francs! (A Chassé et aux autres.) Vous l'avez vu!
FAUSTIN, qui a fouillé dans les poches. Plus rien!... Ah! le misérable ne nous échappera pas! (Grande confusion; on entoure le corps de Duromé; mademoiselle Duthé est tombée évanouie sur le sofa; les autres femmes lui donnent des soins. Chassé et quelques autres s'élancent au dehors.)

ACTE PREMIER

Le théâtre représente le pont du vaisseau de guerre la Minerve : à droite et à gauche, sont les bastingages; au fond, la dunette; à l'arrière du bâtiment, au-dessous de la dunette, les ouvertures des cabines; des canons à bâbord et à tribord; les cordages à terre; les voiles sont déployées : on est en pleine mer; le timonier est au gouvernail pendant tout le tableau; le lieutenant est au banc de quart avec Lajoie, Bouquin, etc. Des matelots et des mousses sont occupés à réparer des avaries.

SCÈNE PREMIÈRE.

BOUQUIN, UN MOUSSE.

BOUQUIN. Allons, voilà les avaries du combat et de la tempête à peu près réparées; les trous des boulets sont bouchés, les mâts redressés et les planches calfeutrées. Notre vieille *Minerve* va être requinquée comme une jeune épousée, prête à recommencer la danse.
LE MOUSSE. Elle est vieille, c'est vrai, père Bouquin; mais c'est tout de même une fière flambarde que notre frégate!
BOUQUIN. Oui, flambarde, petit, tu as dit le mot; flambarde de la cale aux hunes, et de l'avant à l'arrière; et, avec ça, frétillante et glissante comme une queue de poisson, et obéissante, nom d'une chique! à virer de bord dans un bocal! Il faut convenir aussi que le monstre... c'est comme ça que nous appelons le commandant, nous autres marins... faut convenir que c'est un fier homme! Mais comment ça se passe-t-il dans les faux-pont et dans la cale? Y en a-t-il beaucoup d'avaries parmi l'équipage?
LE MOUSSE. Pas trop : le grand cara'in a fait sa tournée, et

il paraît que les boulets ennemis n'ont pas été bien méchants.

BOUQUIN. Et mon neveu Daniel?

LE MOUSSE. Le Champenois? Ah! peu de chose! un éclat de bois sur sa boussole... C'est sa faute, aussi... venir nu-tête sur le pont, au plus fort du grabuge!... Et, tenez, le voilà avec le carabin.

SCÈNE II.

Les Mêmes, LE DOCTEUR GARNIER, DANIEL, la tête enveloppée d'un mouchoir.

LE DOCTEUR, à Daniel. Tu as le crâne dur, mon garçon, c'est heureux pour toi; dans trois jours, il n'y paraîtra plus.

DANIEL. Ah! gueusard de Marcel! si tu m'y reprends!... Dire que c'est lui qui est cause de ça!

BOUQUIN. Le Parisien? Qu'est-ce qu'il t'a fait?

DANIEL. Il m'a volé!

BOUQUIN. Lui? Je le savais bien poltron; mais pour voleur...

DANIEL. Je vas vous dire... D'abord, il est connu que c'est un malin.

BOUQUIN. Oh! un malin!

DANIEL. Il dit comme ça que tant plus qu'on lui a fait de farces autrefois, tant plus qu'il en fera aux autres; tant plus qu'il a été bête, tant plus qu'il sera crâne et spirituel.

BOUQUIN. Il t'a donc joué un tour?

DANIEL. Pardine! puisqu'il m'avait promis de me faire une chose de magie pour me rendre vaillant et invulnérable.

BOUQUIN. Ah bah! quelle chose de magie?

DANIEL. Une drogue noire que j'ai avalée jusqu'à la dernière goutte... C'est après ça que je suis arrivé crânement sur le pont, en pleine grêle, tout pimpant, et sans dire gare!

BOUQUIN. Alors, tu étais devenu vaillant?

DANIEL. Parce que je me croyais invulnérable; mais, bah! v'là quelque chose qui me tombe: ça m'étourdit, je tombe par terre, je saignais... et mon courage s'est en allé par ma blessure...

BOUQUIN. Et c'est pour ça que tu l'appelles voleur?

DANIEL. Oui, voleur! Savez-vous ce qu'il m'a demandé pour sa drogue? Une poule noire et trois écus; mais il me le rendra. Où est-il? où se cache-t-il?

BOUQUIN. Ma foi; il y a longtemps qu'il n'a paru... et, depuis le commencement du combat... Eh! mais, n'est-ce pas lui?...

DANIEL. Oh! le gueux!...

SCÈNE III.

Les Mêmes, MARCEL, soutenu par deux matelots.

MARCEL. Aïe! aïe! Doucement... les amis, doucement!...

PREMIER MATELOT, au docteur. Major, v'là le Parisien, nous avons trouvé couché par terre dans l'entre-pont, et gémissant comme trente-six blessés... Nous n'avons jamais pu savoir ce qu'il avait.

MARCEL. Aïe!

LE DOCTEUR. Où souffres-tu?

MARCEL. Partout... Aïe!

DANIEL. Ne l'écoutez pas; c'est une frime! Il crie de peur que je ne lui flanque du tabac...

LE DOCTEUR. Es-tu blessé?

MARCEL. C'est probable... Aïe!...

LE DOCTEUR. Où donc?

MARCEL. Je ne sais pas... Aïe!

LE DOCTEUR. Ah ça, drôle!...

BOUQUIN, à part. Attendez, attendez... (Passant derrière Marcel, et criant très-fort.) Holà! ho! gare, où je te tape! (Marcel, effrayé, se sauve à toutes jambes.)

TOUS. Ha! Ah! ah!

BOUQUIN. Il a retrouvé ses jambes! (Tous les matelots bousculent Marcel et se le repassent de main en main. Il vient tomber dans celles de Daniel.)

DANIEL. Ah! je te tiens, gueusard!...

MARCEL, se dégageant. Minute, Daniel! des mots, mais pas de gestes!

DANIEL. Pourquoi que tu m'as soutiré une poule noire et trois écus?

TOUS. Oui, oui, pourquoi?

BOUQUIN. Voyons, parle!

MARCEL. Voici l'affaire, mon ancien: Vous êtes trop savant pour ne savoir ce qu'une poule, père Bouquin.

BOUQUIN. Poule toi-même!

MARCEL. C'est ça, vous y êtes... Qu'est-ce qu'on dit d'un poltron? c'est une poule mouillée, il a la chair de poule; c'est comme qui dirait la poltronnerie en personne.

BOUQUIN. Eh bien?

MARCEL. Eh ben, Daniel, que v'là, vient me demander une magie pour le rendre brave... histoire de tuer sa poltronnerie; alors, je prends sa poule, je la tue, je la mange!...

TOUS. Ah! ah! ah!

DANIEL. Ce n'est pas tout... le gueusard m'a fait avaler une drogue...

MARCEL. Pour te rendre invulnérable.

DANIEL. Et il m'a pris trois écus pour ça!

MARCEL. Le bon vulnéraire est cher.

LE DOCTEUR. Hein. Du vulnéraire?

MARCEL. C'est excellent pour les blessures. N'est-ce pas, docteur?

LE DOCTEUR. Après, oui; mais avant...

MARCEL. C'est qu'il n'y en avait pas assez... Donne-moi encore trois écus...

DANIEL. Ah! c'est trop fort! Entendez-vous le gredin?... Attends, attends, je vas te payer d'une autre monnaie!... (Il court après Marcel; les matelots se rangent de droite et de gauche en riant et frappant des mains.)

PLUSIEURS MATELOTS. En chasse! en chasse!

D'AUTRES, à Marcel. File ton nœud! file ton nœud!

D'AUTRES, à Daniel. Harponne-le! harponne-le!... Holà! ho! qu'est-ce que c'est, les petits amis?

BOUQUIN. Oh! voilà le creux du père Lajoie; c'est fini de rire! (Tous s'arrêtent.)

LE PÈRE LAJOIE. Balayez-moi le pont, tas de vauriens!...

DANIEL. C'est ce gueux de Marcel qui...

LE PÈRE LAJOIE. Hein? qu'est-ce qui parle? C'est toi; mufle?

BOUQUIN. Je te conseille de te taire... Le père Lajoie est méchant quand il a bu.

LE MOUSSE. Et il boit toujours!

LE PÈRE LAJOIE. Est-ce fini?

DANIEL. Eh! oui, père Lajoie, puisque mon drôle a décampé... Mais, si je le rattrape...

BOUQUIN. Oh! le commandant!...

MARCEL, dans un coin. Ah! oui, le monstre! (Tous s'écartent où se retirent au fond du théâtre.)

SCÈNE IV.

Les Mêmes, LE COMMANDANT KERVEGUEN.

KERVEGUEN. Mes amis, je suis content de vous; voilà une belle journée pour nos armes! Je vois avec joie que le combat a été plus désastreux pour les ennemis que pour nous.

LE DOCTEUR. Je le crois bien! Une de leurs frégates coulée bas, et l'autre rudement endommagée.

BOUQUIN. Ah! sans la tempête survenue si mal à propos, et qui nous a forcés de gagner le large, je la capturais, celle-là, et nous rentrions à Brest avec une belle prise.

KERVEGUEN. Bah! commandant, il n'y a rien de perdu pour attendre.

KERVEGUEN. Oui, je sais ce qu'on peut faire avec des braves comme vous; deux seulement, je suis fâché de le dire, ont manqué à leur devoir: ils sont enchaînés à fond de cale, et je leur réserve un châtiment exemplaire, car il faut être sévère pour être juste... Maître Lajoie, le commencement d'incendie est-il bien éteint?

LAJOIE. Oui, oui, j'y ai veillé moi-même.

KERVEGUEN. Quand tout sera remis en ordre, nous célébrerons notre victoire, et vous ferez distribuer double ration de vin et d'eau-de-vie à tout l'équipage.

TOUT. Hourra! Vive le commandant!

KERVEGUEN. Vive la France!

TOUS. Vive la France! (Kerveguen va parler au lieutenant sur le banc de quart.)

SCÈNE V.

Les Mêmes, HÉLÈNE, MISS DÉBORAH.

MISS DÉBORAH, entrant. Aô God! vous effrayer moi beaucoup! Pourquoi crier si grandement fort?

LE DOCTEUR. Ne craignez rien, mesdames, il ne s'agit plus de combat ni de tempête.

BOUQUIN. Mais seulement d'un petit régal en l'honneur de la victoire.

TOUS. Hourra!

MISS DÉBORAH, se bouchant les oreilles. Yes, yes... régaler les oreilles à nous.

KERVEGUEN, revenant en scène, à Hélène. Ah! te voilà, ma fille? et vous aussi, miss Déborah? Comment! la fièvre de peur

vous a donc quittées, que vous osiez enfin paraître sur le pont?
HÉLÈNE, riant. Ce n'est pas bien, mon père; vous nous ferez passer pour des poltronnes.
LE DOCTEUR. Ce serait bien injuste, mademoiselle; nous vous avons tous vue pendant la tempête, debout auprès de votre père, contemplant sans pâlir cette terrible lutte des éléments, si capable de troubler les plus intrépides matelots.
KERVEGUEN. C'est vrai, ma chère Hélène; mais, en revanche, pendant le combat, éperdue, à genoux, la tête cachée dans tes mains...
HÉLÈNE. Mais aussi, père, quelle différence entre le tableau d'une bataille acharnée, où des hommes qui ne se connaissent même pas se cherchent pour se déchirer entre eux et se donner la mort, et le spectacle de cette nature furieuse, domptée par le génie de l'homme? Autant je me sentais faible quand le fracas du canon, les gémissements des blessés et la vue du sang faisaient frémir et révoltaient tout mon être, autant, aux éclats de la foudre, au mugissement des vagues, aux menaces des éléments déchaînés, je me sentais transportée au dessus de moi-même! C'est la main de Dieu qui soulève ces flots, mais c'est l'esprit de Dieu qui nous apprend à les braver! Songeant à cela, mon père, j'oubliais le danger de notre situation, et je n'en voyais que la poésie.
KERVEGUEN, embrassant sa fille. Allons, allons, petite tête exaltée !... Et vous, miss Déborah?
MISS DÉBORAH. Oh! moâ, je avais trop peur... et je voulais absolument me arrêter en route.
KERVEGUEN, riant. Où donc, s'il vous plaît? Au Maroc, ou aux Canaries?
MISS DÉBORAH, ébahie. Aux Canaries?
KERVEGUEN. Depuis dix jours que nous naviguons au gré des vents et de la tempête, nous sommes plus près des côtes d'Afrique que de la France.
MISS DÉBORAH. Ah! prodigious! (Rumeur et discussion au banc de quart entre le lieutenant et maître Lajoie.)
KERVEGUEN. Qu'y a-t-il là-bas? Qu'est-ce qui vous préoccupe, maître Lajoie?
LAJOIE. Un simple point noir à l'horizon, commandant, que le lieutenant a la chose de prendre pour un bateau.
KERVEGUEN. Attends... Qu'on me donne ma longue-vue. (Il va au fond, sur la dunette.)

SCÈNE V.
HÉLÈNE, MISS DÉBORAH.

MISS DÉBORAH, préoccupée. Aux Canaries!
MARCEL, passant auprès d'elle. Un endroit très-serin, ma petite dame. (A part.) Elle y serait comme chez elle, l'Anglaise! (Il s'éloigne pour la manœuvre.)
HÉLÈNE, qui est allée s'asseoir sur le banc du navire. Je crois qu'il vaudrait encore mieux, ma chère amie, m'accompagner jusqu'à l'île Bourbon.
MISS DÉBORAH, venant près d'elle. Oh! mais pourquoi aussi je père à vous il à emmené son fille unique dans cette traversée périlleuse?
HÉLÈNE. Vous savez bien que ma pauvre grand'mère, qui habite l'île Bourbon, a depuis longtemps témoigné le désir de me voir; et mon père a voulu profiter de l'occasion de son commandement pour me conduire auprès d'elle.
MISS DÉBORAH. Alors, ce n'être pas de bon cœur tout à fait que vous avoir entrepris ce voyage?
HÉLÈNE. Oh! non. D'abord, j'ai éprouvé beaucoup de peine à me séparer de ma bonne tante, chez qui je demeurais depuis ma sortie de pension. (S'oubliant.) Et lui! le reverrai-je jamais?
MISS DÉBORAH. Lui? qui donc?
HÉLÈNE, vivement et avec confusion. Personne... Je suis folle.
MISS DÉBORAH, lui prenant les mains. Oh! chère enfant, de la réserve avec moi, votre bonne amie! Parlez à moi ouvertement.
HÉLÈNE. Oui. Vous étiez l'amie de ma tante, c'est par affection pour elle et pour moi que vous vous êtes dévouée à m'accompagner.
MISS DÉBORAH. Oh! yes!
HÉLÈNE. Eh bien, je vous dirai tout.
MISS DÉBORAH. Ce être de l'amour, bien sûr!
HÉLÈNE. Oh! je ne lui ai jamais parlé.
MISS DÉBORAH. A qui?
HÉLÈNE. A ce jeune homme.
MISS DÉBORAH. Oh! yes... Quel jeune homme?
HÉLÈNE. Je ne sais pas son nom.
MISS DÉBORAH. Oui.
HÉLÈNE. Alors, ce être un amour mystérieux?
MISS DÉBORAH. Oh!... charmant! Contez cela à moi.

HÉLÈNE. Il y a environ deux ans, j'étais encore au couvent. Je remarquai, à l'église où les sœurs me menaient tous les dimanches, pendant les réparations de notre chapelle, un jeune homme dont la physionomie douce et mélancolique me frappa vivement. Il s'agenouillait toujours à la même place et il priait pour sa mère mourante.
MISS DÉBORAH. Oh! yes... Continuez.
HÉLÈNE. Quelque temps après, je sortis du couvent, et j'allai demeurer chez ma tante, lorsqu'un jour, jugez de ma surprise! en me promenant dans le jardin, j'aperçus le même jeune homme à une fenêtre mansardée d'une petite maison en face.
MISS DÉBORAH. Il regardait vous... Enfin?
HÉLÈNE. Un autre jour, j'allai aux Tuileries avec ma tante. Il y avait une grande affluence de promeneurs... Ma tante et moi, nous nous trouvâmes séparées par la foule; mon inquiétude était extrême; j'allais, je venais, je cherchais, exposée à être insultée. On riait déjà autour de moi, quand tout à coup ce jeune homme parut. C'était une providence; il m'offrit son bras et me fit sortir de la foule... Ma tante nous rejoignit bientôt... En reconnaissance du service qu'il m'avait rendu, elle le pria de nous reconduire, et l'autorisa à revenir savoir de nos nouvelles.
MISS DÉBORAH. Et il revint dès le lendemain?
HÉLÈNE. Hélas! non, il ne revint pas; ni le lendemain, ni les jours suivants... Voilà huit mois de cela.
MISS DÉBORAH. Oh! prodigious!... Mais la fenêtre?
HÉLÈNE. Elle resta fermée depuis ce temps.
MISS DÉBORAH. Et vous n'avez pas revu ce jeune homme?
HÉLÈNE, se levant. Jamais...
MISS DÉBORAH. Oh! ce roman finir bien mal!
HÉLÈNE. Peu de jours après, mon père arriva de Versailles; il avait obtenu un nouveau commandement et une mission pour l'île Bourbon... Il m'annonça notre prochain départ pour Brest, où nous devions nous embarquer... Vous savez le reste.
MISS DÉBORAH. Oh! je été fort désappointée... pauvre chère Hélène!... Alors, le voyage il être venu fort à propos pour faire oublier à vous...
HÉLÈNE. Oh! je n'y pense plus... je ne veux plus y penser! Mais que peut-il être devenu?
KERVEGUEN, qu'on a vu au fond regarder avec une lunette. Hé! Bouquin!
BOUQUIN. Commandant?
KERVEGUEN. Trois hommes et un canot à la mer! vivement! il y a là une barque en détresse... ni gouvernail, ni voiles; amenez-la. (On exécute l'ordre de Kerveguen.)
HÉLÈNE, allant vers son père qui redescend la scène. Ainsi, père; ce petit point noir...
KERVEGUEN. C'était une barque de pêcheurs.
LE DOCTEUR, s'approchant. A cent cinquante lieues des côtes?
KERVEGUEN. La tempête l'aura poussée jusque-là. J'ai aperçu deux hommes dedans, mais ils sont couchés et ne bougent pas.
HÉLÈNE. Ils sont morts, peut-être?
LE DOCTEUR. Ou exténués de fatigue.
KERVEGUEN. Nous allons le savoir; on nous ramène la barque.
HÉLÈNE, regardant. La voilà qui approche... elle touche au vaisseau.
KERVEGUEN. Eh bien, Bouquin?
BOUQUIN. L'un de ces deux particuliers que j'ai trouvés au fond de la barque avait déjà filé son nœud depuis plus de vingt-quatre heures, commandant; l'autre respire quasiment encore...
KERVEGUEN. Où est-il?
BOUQUIN. On le hisse à bord au moyen d'une sangle, vu qu'il est hors d'état de se tenir sur ses quilles... Et, tenez, le voilà déjà, commandant.

SCÈNE IV.
LES MÊMES, MAURICE, évanoui, porté par MARCEL à PLUSIEURS MATELOTS.

LE DOCTEUR. Posez-le là, sur ces voiles... (Le docteur lui prend la main et l'examine.) Il était temps d'arriver à son secours.
KERVEGUEN, à Bouquin. C'est dans cet état que tu l'as trouvé?
BOUQUIN. Oui, mon capitaine.
KERVEGUEN. Alors, il ne fait pas dit un mot?
BOUQUIN. Il n'a pas même fait un mouvement.
KERVEGUEN. Quelle espèce de bateau montaient-ils?
BOUQUIN. Une de ces misérables coquilles de pêcheurs, comme on en voit à Brest, qui font quelquefois de la contrebande, mais qui ne s'aventurent guère à plus d'une demi-

lieue des côtes... C'est un miracle que ça ait pu résister à la tempête.
KERVEGUEN. A-t-on trouvé avec eux quelque bagage?
BOUQUIN. Pas plus de bagage que de provisions, commandant.
HÉLÈNE, qui est placée un peu en arrière. Eh bien, docteur?
LE DOCTEUR. Il rouvre les yeux... il revient à lui.
MAURICE, d'une voix faible. De l'eau!...
MARCEL. Il a soif, c'est bon signe... Si on lui donnait quelque chose d'asticotant... un peu d'eau-de-vie camphrée... Pas vrai, docteur?...
LE DOCTEUR. Imbécile! de l'eau fraîche d'abord... c'est ce qui lui fera le plus de bien. (On fait boire Maurice.)
MAURICE, ouvrant les yeux. Où suis-je?
LE DOCTEUR. Sauvé!... A bord d'un bâtiment français.
HÉLÈNE, qui s'est approchée, à part. Ah! mon Dieu! je ne me trompe pas! c'est lui!...
KERVEGUEN. Qu'as-tu donc, Hélène?
HÉLÈNE. Rien... la vue de ce malheureux jeune homme... sa pâleur mortelle...
KERVEGUEN. Eh bien, descends...
HÉLÈNE. Non, non... (Affectant de sourire.) Il faut que je m'aguerrisse... (A part.) Lui! mon Dieu!
KERVEGUEN. Ce ne sera rien; du reste... vois... il se ranime déjà.
MAURICE, d'un air égaré. Oh! vous ne me livrerez pas... n'est-ce pas?...
HÉLÈNE, à part. Le livrer!
KERVEGUEN, au docteur. Que veut-il dire? (A Maurice.) Qui es-tu, l'ami? d'où viens-tu? quel est ton état? et comment diable vous trouviez-vous dans ce bateau abandonné?
MAURICE, avec effort. Nous n'avions pas... prévu le mauvais temps... Tout à coup la tempête... nous a poussés au large...
KERVEGUEN. Ainsi, vous êtes en mer depuis six jours?
MAURICE. Six jours, oui... c'est possible... Comment les ai-je passés?... Je ne sais... Mon camarade a succombé... il a eu pitié de moi... il a soutenu mes forces... Pourtant, ce matin, quand le soleil a paru... je me suis senti si faible... je suis tombé... j'ai cru mourir... Depuis trois jours déjà, je n'ai rien pris.
HÉLÈNE. Ah! Dieu!...
MAURICE, frappé du cri poussé par Hélène, et l'apercevant. Que vois-je!... Est-ce un rêve?... une illusion?... Non!... non!... C'est... c'est bien... Ah! (Sa tête retombe et il perd connaissance.)
HÉLÈNE, avec anxiété. Docteur!... secourez-le... il meurt!
LE DOCTEUR. Rassurez-vous, mademoiselle'; cette faiblesse, causée par le manque de nourriture, n'a rien d'alarmant... Dans une heure, il n'y paraîtra plus... (Aux matelots.) Emportez-le en bas, dans l'entre-pont... Je vais faire préparer le meilleur cordial... Un bouillon et un verre de madère...
MARCEL. Il me semble que si on y mêlait un peu d'eau-de-vie camphrée...
LE DOCTEUR. Veux-tu nous laisser tranquilles! (Il suit Maurice que les matelots emportent.)

SCÈNE VII.

LES MÊMES, excepté MAURICE et LE DOCTEUR.

HÉLÈNE, à part. Mon Dieu! sauvez-le, je vous en supplie!
MISS DÉBORAH, revenant. Vous pleurez, chère Hélène?
HÉLÈNE, la prenant à part. Ah! vous ne savez pas?... Ce jeune homme qu'on vient d'emporter expirant...
MISS DÉBORAH. Oh! yes!... j'ai vu lui... Eh bien?
HÉLÈNE. C'est celui dont je vous ai parlé.
MISS DÉBORAH. Quoi! le inconnu?
HÉLÈNE. Oui.
MISS DÉBORAH. Ah! prodigious! quelle aventure!
KERVEGUEN, qui n'a entendu que le dernier mot, s'approchant. Aventure fort ordinaire dans la vie d'un marin! Seulement, ce qu'il y a d'étrange ici, c'est que de particulier ne paraît être ni matelot ni pêcheur.
BOUQUIN. C'est vrai.
KERVEGUEN. Il n'a ni le visage ni les mains d'un homme habitué à vivre sur mer; d'ailleurs, le fait seul de s'être jeté dans cette barque à l'approche d'une tempête démontre une imprudence qu'aucun marin n'aurait commise. Que peut-il donc être?
BOUQUIN. Quelque contrebandier, quelque drôle qui prenait la fuite après avoir fait un mauvais coup.
HÉLÈNE. Ah! quelle supposition! Il est vêtu grossièrement, sans doute; mais la noblesse de sa physionomie...
KERVEGUEN, plaisantant. C'est un prince déguisé, peut-être, qui faisait une partie de pêche pour son plaisir?
MISS DÉBORAH, naïvement. Oh! croyez-vous?

HÉLÈNE. Sans être un prince, il est possible que ce soit un brave et honnête jeune homme qu'un motif avouable aurait contraint...
KERVEGUEN. Nous le saurons bientôt... Voici Garnier qui remonte.

SCÈNE VIII.

LES MÊMES, LE DOCTEUR GARNIER.

KERVEGUEN. Eh bien, docteur, comment va notre homme?
LE DOCTEUR. Aussi bien que possible; le voilà qui reprend des forces.
KERVEGUEN. A-t-il parlé, enfin? A-t-il expliqué son aventure?
LE DOCTEUR. Non, mais elle est toute expliquée, son aventure : c'est un forçat...
TOUS. Un forçat!
LE DOCTEUR. Évadé du bagne de Brest ou de Rochefort, avec un compagnon; et probablement serrés de près, ils se seront jetés dans la première barque de pêcheur, avec l'espoir d'être recueillis par quelque bâtiment étranger.
HÉLÈNE, tremblante et très-agitée. Lui! ce jeune homme!... Un forçat, dites-vous? D'où le savez-vous, docteur? Qu'est-ce qui le prouve?
LE DOCTEUR. Des témoignages irrécusables, mademoiselle! M'étant aperçu qu'il avait une meurtrissure au pied, je me suis baissé pour voir ce que c'était, et j'ai reconnu la trace de ses fers.
MISS DÉBORAH. Oh! schoking!
LE DOCTEUR. Qu'on ne me dise pas que j'ai pu m'y tromper! J'ai habité Brest pendant une dizaine d'années, et j'étais un des chirurgiens du bagne.
KERVEGUEN. Vous ne lui avez fait aucune question à ce sujet?
LE DOCTEUR. Non, commandant; le malheureux vient d'échapper à une mort certaine, j'ai voulu d'abord le laisser déjeuner en repos.
KERVEGUEN. Fort bien; mais je ne puis laisser mes matelots en communication avec cet homme... (Appelant.) Eh! Bouquin! (Bouquin paraît.) Amène ici ton repêché! (A Hélène.) Tu vois, Hélène, combien il faut se méfier d'une première impression!
HÉLÈNE, à part. Lui, un malfaiteur?... Ah! ce n'est pas possible!

SCÈNE IX.

LES MÊMES, MAURICE.

MAURICE, apercevant Hélène. — A part. Oui, c'est elle!... Je n'ai pas rêvé... c'est bien elle!
KERVEGUEN. Ah çà! maintenant que te voilà remis sur pied et en état de me répondre, tu vas me dire en deux mots, mon garçon, qui tu es et d'où tu viens. (Maurice se tait.) Tu gardes le silence?... Mes questions t'embarrassent donc beaucoup?
MAURICE. Il est vrai, commandant... car je ne voudrais pas mentir, et...
KERVEGUEN. Et tu n'oses avouer la vérité?... Eh bien, je vais te la dire, moi... (Lui faisant signe d'approcher.) Tu es un forçat!
MAURICE, frappé. Ah!...
KERVEGUEN. Est-ce la vérité? Réponds!
MAURICE, accablé. C'est la vérité!
HÉLÈNE, à part. Ah! (Elle tombe sur le banc et se couvre la figure de son mouchoir.)
MAURICE, à part. Ah! cet aveu... devant elle!... Que ne suis-je mort aussi!
KERVEGUEN, aux matelots. Enfants! en allant au secours de cet homme, nous avons fait notre devoir; ne regrettons donc pas d'en avoir sauvé un; mais, sacrebleu! nous aurions mérité que ce fût un honnête homme!
MAURICE, avec un accent pénétrant. Monsieur, Dieu m'entend, et j'en atteste sur ce saint nom près de paraître devant lui... Dieu, je jure, par son saint nom, que je n'ai jamais commis une action qui pût me rendre indigne de la commisération des cœurs honnêtes!
HÉLÈNE, se levant. — A part. Que dit-il?
MAURICE. La justice humaine a ses jours d'erreur et de faiblesse; j'ai été condamné, mais je suis innocent!
KERVEGUEN. Je m'attendais à cette conclusion... Vous ne savez donc pas que j'ai été trois ans commandant au port de Brest? Eh bien, je n'ai pas vu un seul malfaiteur, pas un, qui ne protestât, comme vous, de son innocence; chacun d'eux a sa petite histoire, et les juges qui les ont condamnés se sont tous trompés... comme les vôtres, sans doute?
MAURICE. Je n'accuse ni leur probité ni leurs lumières, monsieur; mais les juges de Calas étaient aussi des hommes éclairés et probes... et pourtant ils ont condamné un innocent!

HÉLÈNE. C'est vrai, père.
KERVEGUEN, à sa fille. Laisse-moi. (A Maurice.) Et pour quel crime avez-vous été condamné ?
MAURICE. On m'a accusé d'avoir... d'avoir assassiné un banquier à Paris... pour... pour le voler !... moi !
KERVEGUEN. Attendez donc... Il y a huit ou dix mois... je crois ?
MAURICE. Oui...
KERVEGUEN. Ce banquier ne s'appelait-il pas Duromé ? Et toi, ne serais-tu pas le nommé Maurice ?
MAURICE. Oui, monsieur...
KERVEGUEN. C'est ça... je me rappelle... j'ai lu le compte rendu de ce procès... Tu as protesté avec chaleur, comme tu viens de le faire, et tu as failli ébranler tes juges ; mais les faits étaient trop clairs... Une personne avait remis au malheureux banquier, peu d'instants avant le meurtre, une somme de trente mille livres en bons au porteur, qu'on lui avait vu serrer dans son portefeuille, et toi, après l'avoir frappé, tu lui as volé ce portefeuille !
MAURICE. Je ne l'ai ni frappé ni volé ; et, quant au portefeuille...
KERVEGUEN. La justice ne l'a pas retrouvé chez toi, c'est vrai ; mais, en revanche, tu étais nanti des trente mille livres en bons au porteur qui lui avaient appartenu, et tu avais, en outre, dix mille livres en or.
MAURICE. Cette somme était le prix d'une parure vendue, par moi, à M. Duromé.
KERVEGUEN. Oui, c'est ce que tu as prétendu... mais cette parure n'a pas été retrouvée chez la victime... Et puis, quelle était cette parure ? d'où venait-elle ? c'est ce que tu n'as pas su expliquer...
MAURICE. Hélas ! monsieur, la personne de qui je tenais ce joyau était morte dans l'intervalle... (Il se couvre les yeux et pleure.) Sous le poids de témoignages accablants, redoutant une condamnation, je n'ai pas dû livrer au déshonneur sa sainte mémoire et le nom d'une famille irréprochable... J'ai subi ma destinée.
KERVEGUEN. Enfin... tu as été convaincu... et l'on t'a condamné à être roué vif en place de Grève.
HÉLÈNE, à part. Ah !
MAURICE. J'aurais préféré la mort aux galères !
KERVEGUEN. La clémence du roi a été grande à ton égard ; car je crois me rappeler qu'il t'a fait grâce, non-seulement de la vie, mais aussi de la flétrissure que la loi imprime aux galériens.
MAURICE. C'est vrai... lui seul a su le nom de ma famille, il lui a épargné cette honte ineffaçable.
KERVEGUEN. Et c'est en reconnaissance de cette clémence que tu as rompu ta chaîne, espérant sans doute passer en pays étranger, pour y commettre quelque nouveau forfait...
MAURICE. Ah ! de grâce, épargnez-moi, monsieur...
HÉLÈNE. Père...
KERVEGUEN. Silence, enfant... (A Maurice.) Tu parles bien, l'ami, et tu ne manques pas d'une certaine adresse pour te poser en victime... de moins fins y seraient trompés... mais tu n'as pas affaire à des novices ni à des jeunes filles... Commandant de la marine royale, je devrais te faire pendre à la grande vergue.
HÉLÈNE. Ah ! vous ne ferez pas cela, mon père !... après lui avoir sauvé la vie...
KERVEGUEN. Eh ! non, morbleu, je ne le ferai pas ; mais je ne puis pas non plus te laisser libre à mon bord. (A Lajoie.) Maître Lajoie, vous enfermerez cet homme à fond de cale avec les mutins, en pourvoyant pendant tout le voyage à ses besoins, comme si c'était un passager ordinaire.
LAJOIE. Vous êtes trop bon, commandant ; à votre place, je rejetterais cette mauvaise pêche-là à la mer ; ça nous portera malheur de la garder à bord.
KERVEGUEN. Faites ce que je vous dis. Arrivé à la Martinique, je livrerai cet homme au gouverneur, qui décidera de son sort...
HÉLÈNE. Au moins, mon père, vous intercéderez pour lui ?
KERVEGUEN. S'il le mérite... oui.
HÉLÈNE. Puisse le ciel faire éclater son innocence !... car je n'en doute pas, moi !...
KERVEGUEN. Oh ! voilà bien les femmes !... Eh bien, j'en doute, moi, et très-fort. Allons, descends, nous allons prendre le thé. Tout va bien, lieutenant ?
LE LIEUTENANT. Très-bien, commandant. (Kerveguen et Hélène descendent.)

SCÈNE X.

LES MÊMES, excepté KERVEGUEN et HÉLÈNE, puis MARCEL.

LAJOIE, à Maurice, à qui l'on a attaché les bras. Allons, mon drôle, descendons. (Mouvement de Maurice.)

LE DOCTEUR. Bah ! laissez-le encore respirer l'air pendant quelques instants.
LAJOIE. Mais l'ordre du commandant...
LE DOCTEUR. Je prends tout sur moi.
LAJOIE, à Maurice. Alors, étends-toi là, dans ce coin. (Aux autres.) C'est celui du chien.
TOUS, riant. Ah ! ah ! ah !
LAJOIE. Et c'est encore trop bon pour lui. (On fait étendre Maurice près du bastingage, à droite, et on l'attache avec une corde.)
MARCEL, entrant. Hé ! père Lajoie !...
LAJOIE. Te voilà, toi ; d'où sors-tu ?...
MARCEL. Ah ! parbleu, de la cambuse... j'apporte le bidon et les gobelets.
TOUS. Hourra !... (Chacun prend un verre et puise au bidon.)
MARCEL. Et maintenant, dites donc, père Lajoie, il me semble que c'est le vrai moment d'entonner la romance.
TOUS. Oui, oui !...
BOUQUIN. Et la narration d'usage, en trois compartiments, bord, bâbord et tribord... C'est moi qui m'en charge.
TOUS. Hourra !...

Air de M. GOUSSAS.

BOUQUIN, chantant.
Cassons-nous les reins et buvons du grog !
Et vive la bombance !
Que chacun boive et danse !
Et fric et froc, et zig et zog !
TOUS LES MATELOTS, chantant et buvant.
Cassons-nous les reins et buvons du grog !
Et vive la bombance !
Que chacun boive et danse !
Et fric et froc, et zig et zog,
(Ils dansent sur le refrain.)

BOUQUIN. Attention, les amis, ouvrez vos écoutilles. Je vas vous narrer la chose du Vaisseau-Monstre.
TOUS. Oui, oui !...
BOUQUIN. Vous croyez peut-être, tas de novices que vous êtes, que ce Vaisseau-Monstre était un monstre de vaisseau ?... Au contraire, mes enfants, c'était un bijou, un vrai bijou qui n'avait pas son pareil ; car ce n'était ni un trois-ponts, ni un brick, ni une corvette, ni une frégate, ni un yacht, ni un sloop, ni une goëlette, ni un lougre, ni une galère, ni une gondole, ni un chasse-marée, ni rien de tout ça.
TOUS. Qu'est-ce que c'était donc ?
BOUQUIN. C'était un vaisseau monstre !... Figurez-vous, mes enfants, que pour faire son inspection de l'avant à l'arrière, le capitaine montait en chaise de poste, et il mettait une semaine pour aller, et une semaine pour revenir. Et pour grimper au banc de quart, mes amours, il y avait autant de marches à monter qu'à la tour Notre-Dame ; et pour ce qui est de ses mâts, figurez-vous que, pour toucher à la grande hune, en montant par bâbord et redescendant par tribord, vous seriez montés mousses et vous seriez descendus vieux contre-maîtres, comme moi... Et v'là ce que c'était que le Vaisseau-Monstre. (Chantant :)
Cassons-nous les reins, et buvons du grog, etc.
TOUS, chantant.
Cassons-nous les reins et buvons du grog, etc.
(Ils boivent et dansent.)

BOUQUIN. Maintenant, j'ai le gosier trop sec pour continuer, Marcel va vous narrer la suite.
TOUS. Oui, oui...
DANIEL. Lui ! ce farceur de Parisien !...
BOUQUIN. Cargue ta langue, Daniel, ou je te tamponne.
TOUS. Oui, oui !...
BOUQUIN, à Marcel. Parle, toi.
MARCEL. V'là ce que c'est : Le capitaine du Vaisseau-Monstre, un vrai monstre, par conséquent, celui-là !... le capitaine, donc, pour ce qui était de la beauté de sa personne et de la douceur de son caractère, tenait le milieu entre l'Auvergnat et le Bas-Breton ; avec ça qu'il était poli comme un ours et éduqué dans le genre du défunt camarade dont nous avons mangé les saucisses.
TOUS, riant. Ah ! ah ! ah !...
MARCEL. Et tout l'équipage était à l'avenant... c'étaient tous des Daniel, mes enfants, des vrais Daniel !... (Hilarité générale.)
DANIEL, furieux. Ah ! mais, Parisien, pas d'alluvion... ou, sinon...
BOUQUIN, à Daniel, en lui allongeant un coup de poing. Silence, fillot, ou je tape !...
MARCEL. Pour lors, le Vaisseau-Monstre naviguait depuis pas mal d'années, quand l'aide-gabier avisa de loin une merveille... Cette merveille était un sloop, mes enfants... mais quel sloop !... blanc et or, avec des voiles en soie bleu clair, des pavillons roses, des cordages en fil d'or et de

soie, des canons en argent et des mâts en or massif... et l'équipage!... Oh! l'équipage!... toutes femmes!... de très-belles femmes!...

DANIEL. Aussi en or?...

MARCEL. Eh, non!... en chair et en os... plus en chair qu'en os... ça se voyait malgré le costume, qui était en satin et en gaze... plus en gaze qu'en satin... Bigre! s'écria le capitaine... Puis il met toutes voiles dehors pour donner la chasse au navire du sexe... Mais v'là que les canonnières, qui étaient à leur poste, font pleuvoir sur le *Vaisseau-Monstre* une mitraille de roses, de tulipes, d'œillets et de jasmins qui embaumaient l'équipage et leur portaient à la tête, de sorte qu'ils étaient là, au lieu de jeter leur grappin, à renifler la bonne odeur. Et, en même temps, ces merveilleuses sirènes firent entendre des chants suaves et délicieux :

Cassons-nous les reins et buvons du grog, etc.

TOUS.

Cassons-nous les reins et buvons du grog.

(Ils boivent et dansent. Pas de matelots. A la fin de la danse, deux matelots remontent en criant : « Au feu ! au feu ! »

LAJOIE. Le feu!... où ça?...

LE MATELOT. Dans la cambuse... et il gagne l'entre-pont.

LAJOIE. Le feu que nous croyions éteint!... Ah! je le disais bien, c'est ce maudit forçat qui nous porte malheur!... Commençons par nous débarrasser de lui...

TOUS. Oui ! à la mer! à la mer! (Ils s'avancent tous vers Maurice qui est attaché par terre à gauche du public.)

KERVEGUEN, paraissant. Quels sont ces cris, ce tumulte ?

LAJOIE. Le feu à bord, commandant.

KERVEGUEN. Comment a-t-il pris ?

BOUQUIN. On ne sait pas... Peut-être les deux mutins enchaînés à fond de cale.

KERVEGUEN. Chacun à son poste et surtout pas de désordre. Lieutenant, faites mettre la frégate en panne, et fermez les panneaux pour éviter les courants d'air... Bouquin, noyez les poudres... Docteur, faites transporter les blessés dans la batterie... Je descends moi-même pour m'assurer de l'état des choses. (Il descend.)

LE LIEUTENANT. Carguez les voiles! (Des mousses montent aux cordages.)

KERVEGUEN, en dessous. Faites jouer les pompes! (Le commandement se répète en dessous.)

BOUQUIN. Aux pompes tout le monde!... (Tumulte. Chacun va et vient pour gagner son poste. Le feu se fait jour à travers le plancher.)

KERVEGUEN. Enfants ! tout est perdu... plus d'espoir de sauver la frégate !... Travaillons à un radeau, pour gagner la côte; c'est notre seule chance de salut... Alerte, enfants!...

TOUS. Au radeau!... (Ils se précipitent. On entend le bruit des marteaux et des planches qui tombent.)

MAURICE. Au nom du ciel! laissez-moi aider les travailleurs!

KERVEGUEN. Va donc! (Pendant le tumulte.) Les embarcations à la mer!... Les malades d'abord, puis les enfants, les femmes et les novices... Maître Lajoie, le lieutenant et moi, nous nous embarquerons les derniers.

HÉLÈNE, s'élançant de la cabine. Ah! mon père, laissez-moi rester auprès de vous...

KERVEGUEN. C'est impossible!... Embrasse-moi, et que le ciel te sauve!

HÉLÈNE. Mon père!

BOUQUIN. Vite! vite! (Il l'arrache des bras de son père.)

MAURICE, à part. Ah ! je veillerai sur elle ! (On voit transporter, au milieu de l'incendie, des malades, les deux femmes et des enfants. — Un rideau tombe lors de ce second acte, et représente un vaisseau en flammes au milieu de la mer. L'incendie est figuré à l'aide d'un transparent; puis ce rideau se relève sur le tableau suivant.)

CHANGEMENT.

On voit un radeau ballotté par la tempête, en pleine mer; Hélène est renversée sur un côté du radeau, sans connaissance et les cheveux épars; Maurice, près d'elle, la soutient d'un bras, et de l'autre main agite un mouchoir au bout d'une perche; Marcel, debout, à côté de lui, fait aussi des signaux; quelques matelots et mousses sont groupés différemment sur le radeau, tous exprimant la plus grande détresse.

ACTE DEUXIÈME.

Un site sauvage sur les côtes d'Afrique : au fond, une colline praticable; à droite, l'entrée d'une grotte devant laquelle des feux sont allumés; à gauche, au deuxième plan, l'entrée d'une hutte grossière; à gauche, au premier plan, un chemin creux; un tronc d'arbre scié servant de table; çà et là, quelques arbustes.

SCÈNE PREMIÈRE.

MAURICE, seul, agenouillé, regardant du côté de la grotte. Elle dort encore... Chère Hélène, toi pour qui seule j'existe, que Dieu me donne la force de te protéger, toujours, ou que sa bonté daigne nous délivrer ensemble... (Il se relève.) Mais le jour est venu, je puis éteindre les feux qui, pendant la nuit, écartent de nous les animaux malfaisants... (Il disperse les branches allumées, puis il va vers le tronc d'arbre sous lequel sont déposés quelques fruits.) Son repas du matin est prêt. Hier, pour la première fois, j'ai découvert un arbre à fruit sur cette côte inhospitalière; il était temps, ma provision de poudre et de plomb est presque épuisée; mais, grâce au ciel, nos misères touchent à leur fin : si j'ai bien calculé les jours et les nuits, depuis que ces Arabes qui traversaient le désert nous ont trouvés sur cette plage hors d'état de les suivre, il a dû s'écouler six mois, et la seconde caravane qu'ils nous ont annoncée ne tardera pas à paraître... Oui, six mois, et pendant tout ce temps, pas un être humain ne s'est montré dans cette immense solitude, où j'ai veillé sur elle avec ce pauvre Marcel, échappé comme nous du naufrage, tous trois abandonnés des hommes, mais non pas de la Providence, qui a étendu sur nous sa protection miraculeuse. (On entend crier au dehors.)

SCÈNE II.

MAURICE, MARCEL.

(Marcel est accoutré d'une manière grotesque, ses vêtements sont raccommodés avec des feuilles d'arbre et des morceaux d'écorce en guise de pièces. Il a aussi de longues feuilles d'arbre qui s'agitent comme des plumes sur sa casquette de matelot.)

MARCEL, accourant tout effrayé par le chemin creux. Oh ! la la ! du secours!

MAURICE. Marcel ! (Il saisit sa carabine.) Qu'y a-t-il?

MARCEL, se retournant effrayé. Ça court-il après moi? (Il vient se jeter sur Maurice et recule en poussant un grand cri.) Ah ! le voilà !...

MAURICE. Quoi donc?

MARCEL, le reconnaissant. Ah ! c'est vous, monsieur Maurice ?

MAURICE. Eh bien, oui, c'est moi... après ?... Que t'est-il arrivé? qu'est-ce que tu as vu?

MARCEL. Ce que j'ai vu ?... (Regardant derrière lui.) Je ne le vois plus... je vous vois!... Ouf ! ça me remet!...

MAURICE. Enfin, explique-toi...

MARCEL. Voilà ce que c'est... Ce matin, au sortir de ma cahute... (Il montre la hutte du deuxième plan.) j'étais allé dans la petite anse pêcher des mollusques et du fretin, quand tout à coup, qu'est-ce que j'aperçois ?... Une tête!... oh ! mais une tête!... une figure!... quelque chose d'affreux!...

MAURICE. Tu te seras vu dans l'eau !

MARCEL. Pas possible ! Je regardais en l'air... sur un rocher... et ça me regardait aussi... et avec une grimace!... Des yeux de possédé... une mâchoire désordonnée... et puis un corps tout noir, tout velu...

MAURICE. Un singe, probablement.

MARCEL. Ça ressemblait plutôt à un homme très-laid!... Une taille superbe, dans mon genre... et même mieux... enfin, une horreur!...

MAURICE. Attendez donc, serait-ce par hasard l'orang-outang?

MARCEL. Hein! l'orang dégoûtant?...

MAURICE. L'homme des bois à qui j'ai donné la chasse le jour même de notre débarquement; mais, depuis ce temps-là, il n'a plus reparu.

MARCEL. Je parierais que c'est ça... l'homme des bois... Drôle d'espèce!... Tantôt ça saute dans les arbres comme un écureuil... tantôt ça se promène comme un Parisien, la canne à la main...

MAURICE. Si c'est lui, j'y veillerai... mais je croirais plutôt que ton imagination, effrayée par quelque ressemblance...

MARCEL. Il est de fait qu'à ce moment-là je pensais à cet animal de Daniel... Où est-il, à l'heure qu'il est ? Son âme doit être au diable, d'où elle venait... et son corps dans le ventre de quelque requin ! Que le poisson lui soit léger !...

Quand je pense que sans vous, monsieur Maurice, il m'en serait arrivé autant... et peut-être pis !...

MAURICE. Tais-toi, ne me rappelle pas ces scènes d'horreur ! Trop souvent je les ai là... devant les yeux ! Vingt malheureuses créatures, réfugiées sur un mince radeau, ballottées par les flots pendant des jours et des nuits, épuisées par la faim, exaltées par le désespoir !... Oh ! que Dieu pardonne à ces furieux qui, les yeux étincelants, plus pareils à des tigres qu'à des hommes, pressés d'assouvir un besoin monstrueux, cherchaient déjà à sacrifier ceux des nôtres qui, plus faibles ou exténués, étaient hors d'état de se défendre !... Elle... Dieu ! c'était elle !... Je les ai vus s'élancer... mais avant que le plus féroce eût touché l'enfant placé sous ma garde, son corps roulait abattu par ma hache ! Les autres bêtes fauves se sont arrêtées alors, et la terreur a refoulé le cri sauvage de leurs entrailles !

MARCEL. Oui, c'est beau ce que vous avez fait là !... J'y aurais passé aussi, moi... un des plus délicats ! Mais vous avez tenu tout le monde en respect... et, le pistolet d'une main, le gouvernail de l'autre, vous avez crânement manœuvré pour gagner la côte ! Sapristi !... j'étais malade !... J'avais eu peur !

MAURICE. J'ai cru mourir aussi... avec les trois malheureux qui ont abordé avec nous et qui dorment là-bas sous les sables ; mais ma tâche n'était pas finie ! Pauvre Hélène ! de nouveaux dangers la menaçaient... que d'efforts pour les conjurer !

MARCEL. Convenez que je vous ai joliment aidé !... Dame !... j'ai appris toute sorte de métiers ! D'abord architecte... (Il montre sa hutte.) charpentier... jardinier... sans parler de ma cuisine... du bouillon de lézard et des rognons de girafe sautés à l'eau... car nous n'avons que de l'eau... enfin, pour surcroît d'industrie, je me suis fait tailleur ! (Montrant son costume.) A la dernière mode du pays... et chapelier... Hein ! ce chapeau à plumes, ça me rappelle feu Robinson ! Heureusement, il n'y a pas de Vendredi ici !... Oh ! le vendredi... ça porte malheur !

MAURICE, qui est allé vers la grotte. Elle s'éveille... elle vient... pas un mot qui lui rappelle nos misères ! A peine en a-t-elle compris toute l'horreur quand je la déposai évanouie sur le rivage...

SCÈNE III.
LES MÊMES, HÉLÈNE.

HÉLÈNE, sortant de la grotte. Où est-il ? (S'avançant vers Maurice.) Ah ! Maurice !...

MAURICE. Chère Hélène, qu'as-tu donc ?

HÉLÈNE. Quand tu n'es pas là, je tremble toujours ; mais me voilà rassurée !

MARCEL. C'est comme moi ; j'ai besoin de le voir, ne fût-ce que le bout de son petit doigt ! Ça me donne du cœur !

HÉLÈNE. Bon Marcel... toujours dévoué !

MARCEL. A votre service, mademoiselle Hélène... moi et mes petits talents... Et s'il vous faut une couturière...

MAURICE, à Marcel. C'est bon, mon ami... retourne à la pêche, et surtout ne t'avise pas de chasser !

MARCEL. Comment, la chasse est interdite ?

MAURICE. Faute de munitions... Les charges de la carabine et de la mienne, voilà tout ce qui nous reste... et tu comprends qu'il faut les ménager...

MARCEL. Oui, ce n'est pas le cas de tirer sa poudre aux moineaux !... Allons, je vais vous chercher une friture... Je ne m'éloigne pas, monsieur Maurice, soyez tranquille... Je suis là... à votre portée... si vous avez besoin de moi... c'est-à-dire si j'ai besoin de vous, je vous appellerai ! (Il sort par la gauche.)

SCÈNE IV.
MAURICE, HÉLÈNE.

HÉLÈNE. Plus de provisions ! Ah ! c'est pour toi maintenant que je tremble, Maurice ! Je comprends à quels dangers tu vas encore t'exposer !

MAURICE. Aucun, rassure-toi !

HÉLÈNE. Hier encore... cette longue excursion...

MAURICE. Pour nous procurer de nouvelles ressources...

HÉLÈNE. Mais pourquoi ne pas m'emmener avec toi ?

MAURICE. Y songes-tu, Hélène ?... Si faible encore !...

HÉLÈNE. Non, Maurice, je me sens forte à présent ; ranimée par tes soins et plus encore par ton amour, je ne vis que par toi seul et pour toi.

MAURICE. Oh ! oui, n'est-il pas vrai ? Car tu me crois innocent du crime affreux qui pèse sur ma tête !

HÉLÈNE. Eh ! comment le croire coupable, celui que j'ai vu autrefois prier si ardemment pour sa mère, celui qui n'a que des pensées de dévouement ? Non, Maurice, non, le monde entier t'accuserait, mon amour serait là pour te défendre.

MAURICE. Ah ! merci, Hélène, merci de cette parole ! J'en avais besoin pour me pardonner d'avoir lié ton existence à ma misérable destinée.

HÉLÈNE. Cette existence, ne te la dois-je pas ? Lorsque ces Arabes ont passé ici, tu pouvais t'éloigner avec eux ; mais tu as voulu rester, décidé à mourir avec moi, car j'allais mourir. Oui, après tant de scènes d'angoisses et de deuil, je n'avais conscience de rien. L'image de mon père, prêt à être englouti dans l'abîme, flottait confusément devant moi ; un dernier instinct se faisait sentir dans mon âme, celui de ton amour, Maurice, que, sans toi, je serais morte mille fois, et qu'après Dieu, tu étais l'être dont dépendait mon existence, et à qui mon âme appartenait tout entière.

MAURICE, l'embrassant. Chère Hélène ! est-ce à toi de me remercier ? Sans toi, il n'y avait que vide affreux et mort autour de moi ; mais ce désert devenait un lieu de délices, quand je te voyais renaître pour m'aimer ; et quand ta jeunesse a peu à peu vaincu le mal, quand l'ardeur du climat t'a épargnée, quand j'ai pu suffire à notre subsistance, à l'aide des secours que les Arabes nous ont laissés, j'ai béni mon sort ! Je le bénirai toujours !

HÉLÈNE. Mais ne m'as-tu pas dit, Maurice, que notre délivrance était proche ?

MAURICE. Oui, nous touchons à l'époque où une nouvelle caravane doit traverser ce pays, et, cette fois, nous pourrons la suivre... J'en serai heureux pour toi, Hélène.

HÉLÈNE. Mais toi... ne partages-tu pas ce bonheur ?

MAURICE. Oh ! non, Dieu veuille que je ne regrette pas les jours que j'ai passés ici !... Qui sait ? c'étaient peut-être les plus beaux de ma vie !

HÉLÈNE. Que dis-tu ?

MAURICE. Ici expirent le bruit du monde, ses injustices, ses anathèmes ; ton cœur m'a compris, et c'est assez pour moi... Mais, là-bas, dans cette Europe oubliée, nous retrouverons les luttes de haine et d'égoïsme, et les passions furieuses et aveugles, océan plus tumultueux et plus terrible parfois que celui qui bat ces rivages.

HÉLÈNE. Eh ! qu'importe ? nous y serons seuls, l'un pour l'autre, perdus, ignorés comme ici.

MAURICE. Le crois-tu ?

HÉLÈNE. Je suis orpheline, Maurice ; car mon pauvre père, s'il vivait encore, m'aurait cherchée depuis six mois !... Libre comme toi, c'est devant cette nature, c'est devant celui qui l'a créée, que je te le jure, Maurice, je suis ta femme.

MAURICE. Et moi, c'est à genoux que je reçois tes serments, Hélène, et que je t'engage les miens. (Se relevant.) A présent, viennent les hommes ! Je verrai sans crainte les tribus nomades pénétrer dans notre solitude... Il est temps que je surveille leur arrivée. Toi, ma bien-aimée, rentre dans cette grotte, et attends là avec patience les nouvelles que j'espère t'apporter bientôt.

HÉLÈNE. Me retenir là ! Aurais-tu quelques craintes ?

MAURICE. Non, sans doute ; mais la chaleur du jour ne tardera pas à se faire sentir, et puis, tu m'as promis de la prudence... A bientôt, ma femme... ma chère femme !... (Il l'embrasse ; il prend sa carabine et sort par le fond ; on le voit sur la colline adresser un adieu à Hélène.)

SCÈNE V.

HÉLÈNE, seule. Moi aussi, je le sens, je donnerai un regret à cette terre où j'ai vu à l'épreuve le courage et l'amour de celui qui me tient lieu de tout !... Mais si ces libérateurs attendus ne venaient pas !... S'il fallait que, longtemps encore, Maurice soit exposé à souffrir pour moi, à chercher, au péril de sa vie, les ressources qui vont lui manquer ! Non, non, la Providence, qui nous a secourus jusqu'ici, ne nous abandonnera pas ! (Elle rentre dans la grotte.)

SCÈNE VI.
MARCEL, puis MAURICE.

MARCEL, criant, et arrivant tout hors de lui. Le voilà, monsieur Maurice, le voilà ! (Il tire un coup de fusil.) Oh ! je l'ai manqué ! (L'orang-outang paraît ; il court après Marcel, fait plusieurs gambades en effrayant.) Ah ! vilaine bête ! Non... bel homme. (Lui faisant des saluts.) Monsieur, monsieur... (L'orang-outang, qui a jeté la carabine, saisit celle de Marcel, la touche dans tous les sens, regarde dans le canon, couche en joue avec la crosse, et frappe Marcel comme avec un bâton.) Holà ! oh !

il est bâtoniste... il est très-fort! (Il se blottit derrière un rocher.)
HÉLÈNE, sortant de la grotte. Qu'y a-t-il? (Apercevant l'orang-outang qui s'élance vers elle.) Au secours! que Dieu me protége!... Au secours, Maurice! (Maurice paraît sur la colline et tire; l'orang-outang, blessé, se débat, et tombe mort.)
HÉLÈNE, s'élançant au cou de Maurice. Ah! Maurice!
MAURICE. Ne crains plus rien, je l'ai tué.
MARCEL, sortant de sa cachette. Tué!... victoire!... (Donnant des coups de bâton au corps de l'orang-outang.) Ah! coquin! ah! misérable!... Est-il laid, cet être-là!... Ah! tu prends les airs d'un homme! (Il lui donne des coups de pied.) Ça t'apprendra, affreux animal! Et ça se mêlait de nous faire peur! (Il le pousse dans la coulisse.)
HÉLÈNE, à Maurice. Sauvée encore par toi!... Ah! mon ami! Mais, malheureux que nous sommes, ces deux coups de fen, si je t'ai bien compris, ont épuisé le reste de tes provisions, et maintenant, sans moyens et presque sans ressources...
MAURICE. Rassure-toi, je venais t'apporter de bonnes nouvelles; j'ai aperçu la caravane!
HÉLÈNE. Ah! Dieu soit loué!
MARCEL, revenant en scène. La caravane!...
MAURICE. Elle est encore loin; mais, pour qu'elle ne passe pas sans nous voir, j'ai placé un signal sur le haut de ce rocher. Je retourne à mon poste d'observation, puis j'irai les attendre au défilé de la montagne. Pendant ce temps, Hélène, prépare-toi au départ; réunis le peu d'objets qui pourront t'être utiles pendant le voyage.
HÉLÈNE. Oui, mon ami, et je vais prier pour ceux qui, moins heureux que nous, resteront ensevelis dans ce désert. (Elle rentre dans sa grotte.)
MAURICE. Et toi, Marcel, occupe-toi aussi de tes préparatifs.
MARCEL. Ah! ce ne sera pas long, j'ai déjà commencé. Revenez vite avec les Bédouins! (Maurice remonte sur la colline.)

SCÈNE VII.

MARCEL, seul. Il va et vient à sa cahute tout en parlant. Je vais donc prendre la clef des champs!... Ce n'est pas que les champs manquent par ici... surtout les champs de sable!... Mais, dépêchons-nous, rassemblons nos hardes... (Il montre un lambeau de voile tout noir.) Ce mouchoir, et la toilette que j'ai sur moi, voilà tout mon bagage; j'ai mis de côté quelques récoltes du pays : d'abord mon singe, et puis ces bottes d'oignons. Dieu! les beaux oignons!... Ça me rappelle la France; je ne peux pas les regarder sans pleurer. (Montrant deux sacs.) Ici du millet pour la nourriture des petits oiseaux; c'est innocent... Là une provision de séné... c'est moins innocent; j'ai déjà essayé la puissance de ce médicament... Sapristi! il est bon!... En arrivant à Paris, je me ferai apothicaire, et, en même temps, j'élèverai des pierrots... Seulement, ne pas confondre les sacs. (Il s'accroupit pour arranger ses sacs.)

SCÈNE VIII.

MARCEL, DANIEL.

DANIEL, entrant par la gauche, et regardant autour de lui. Dans quel diable de pays sommes-nous donc? (Apercevant Marcel accroupi.) Oh! un singe!
MARCEL, apercevant Daniel. Mon semblable!
DANIEL, prenant sa carabine. Il faut que j'aie sa peau! (Il le couche en joue.)
MARCEL, gesticulant. Hé! là-bas!
DANIEL. Ça parle! (Le reconnaissant.) Eh! c'est cet imbécile de Marcel!
MARCEL. C'est cet animal de Daniel!
DANIEL. Dans mes bras! (Ils s'embrassent.) Comment ça va-t-il?
MARCEL. Pas mal, et toi? — Merci... Ah ça! d'où viens-tu?
DANIEL. Et toi?... Je te croyais avalé par une baleine.
MARCEL. Tu ne te trompes pas... j'ai passé quelques mauvais quarts d'heure dans le flanc de cet animal.
DANIEL. Et tu as pu sortir? par quelle voie?
MARCEL. Par une voie... (Avec mystère.) dont j'ai été humilié.
DANIEL. Bah! comment?
MARCEL. J'avais du séné.
DANIEL. Ah bah!
MARCEL. A ton service, c'est comme ça que j'ai sauvé ma peau... Quand je dis ma peau... c'est justement ça que je n'ai pas sauvé. Tu vois, grillé par le soleil, et grignoté par les moustiques... C'est le pays qui veut ça; je t'offre l'hospitalité.
DANIEL. Merci, nous ne tenons pas à rester ici.
MARCEL. Tu ne voyages donc pas seul?
DANIEL. Eh! non, vraiment; je navigue avec le commandant.
MARCEL. Le commandant Kerveguen?
DANIEL. Il vient d'aborder.
MARCEL. Ah bah!
DANIEL. J'étais tombé à la mer, on m'a repêché, et on m'a jeté sur la yole du commandant. J'ai bien cru ne pas te revoir, va; mais ce n'était pas ça qui me chagrinait le plus : nous n'avions plus de vivres, si bien que j'ai dévoré la tige de mes bottes; j'allais passer à la semelle, quand nos signaux ont été aperçus par un navire français, et depuis ce temps-là, nous explorons les côtes d'Afrique... Eh! tiens, voici le commandant avec une partie de l'équipage.

SCÈNE IX.

Les Mêmes, KERVEGUEN, LE MAJOR GARNIER, LE PÈRE LAJOIE, QUELQUES MATELOTS, puis HÉLÈNE.

KERVEGUEN. Avançons avec précaution; j'ai vu de ce côté des traces de pas sur le sable. (Apercevant Marcel.) Un homme.
DANIEL. Eh! oui, mon commandant, c'est Marcel.
KERVEGUEN. Marcel!
DANIEL. Qui était sur le radeau.
KERVEGUEN. Ciel! débarqué ici, et ma fille?
MARCEL. Votre fille, elle est là. (Allant.)
KERVEGUEN. Là!
MARCEL, allant à la grotte, et appelant. Mademoiselle Hélène! mademoiselle Hélène!
HÉLÈNE, sortant de la grotte. Ah! (Apercevant Kerveguen.) Mon père! (Elle s'élance dans les bras de Kerveguen.)
KERVEGUEN. Ma fille! mon Hélène! Ah! quelle joie! J'avais si peu d'espoir, je te croyais perdue à jamais, et je t'ai bien pleurée; mais enfin je te retrouve! C'est bien toi, je ne rêve pas! Ah! embrasse-moi encore, et appelle-moi ton père, pour que je sois bien sûr d'avoir toute ma raison.
HÉLÈNE. Mon bon père!
MARCEL. Ça m'attendrit. (Il déplie son mouchoir de toile.) Je pleure encore plus qu'avec mes oignons.
HÉLÈNE, à Kerveguen. Remercions Dieu qui me rend à votre amour, et, après Dieu, l'homme généreux qui a cent fois exposé ses jours pour votre fille.
KERVEGUEN. Ah! j'allais être ingrat! Serait-ce toi, bon Marcel?
MARCEL. Moi, excusez! Ce n'est pas le courage qui me manquait, mais je n'en avais pas trop pour moi seul.
KERVEGUEN. Qui donc alors? Où est-il le libérateur, que je le presse dans mes bras?
MAURICE, sur la colline. Voilà la caravane! Avant une heure elle sera ici.
KERVEGUEN, à Hélène. Qui est cet homme?
HÉLÈNE. C'est lui, mon père, mon sauveur!

SCÈNE X.

Les Mêmes, MAURICE.

MAURICE, entrant en scène. Des étrangers!
KERVEGUEN. Ah! qui que vous soyez, vous qui m'avez rendu le bonheur...
MAURICE. Le commandant!
KERVEGUEN. Vous me connaissez?
LE MAJOR, considérant Marcel. Attendez donc... c'est lui!
KERVEGUEN. Qui donc?
LE MAJOR. Cet homme, ce fugitif, qu'autrefois nous avons recueilli à bord.
KERVEGUEN. Maurice!
LE PÈRE LAJOIE. Le forçat!
TOUS, reculant. Le forçat!
MARCEL, aux autres. N'ayez donc pas peur, il est très-doux.
KERVEGUEN. C'est lui! (Aux autres.) Allez, mes amis, retournez à la chaloupe qui est restée dans la petite anse, annoncez à mes amis que j'ai retrouvé ma fille, et dites-leur qu'ils se tiennent prêts à partir.
DANIEL, à Marcel. Viens, Marcel, viens renouer connaissance avec les amis...
MARCEL. Et les bouteilles de vin; il y a si longtemps que nous nous sommes vus!

SCÈNE XI.

KERVEGUEN, MAURICE, HÉLÈNE.

KERVEGUEN. Monsieur Maurice, je sais déjà que c'est à vous que je dois le bonheur d'avoir revu ma fille; un pareil bienfait doit effacer de mon souvenir toutes les traces du passé...

Comptez donc sur la reconnaissance d'un père, dans les limites des devoirs qui me sont imposés comme gentilhomme et serviteur du roi...

HÉLÈNE, à part. Quelle froideur!

MAURICE. Je n'aspire, monsieur, croyez-le bien, qu'à me montrer digne de votre estime.

LE COMMANDANT. Que ne vous est-il possible, monsieur Maurice, de reconquérir aussi celle des autres? (Mouvement de Maurice.)

HÉLÈNE. Mon père!...

LE COMMANDANT. Loin de moi l'idée de vous causer quelque peine! Croyez que je prends le plus vif intérêt à votre situation... je voudrais vous le prouver... Dites-moi, n'annonciez-vous pas tout à l'heure l'arrivée d'une caravane?

MAURICE. Oui, monsieur, les Arabes, avec qui nous nous proposions de partir.

LE COMMANDANT. Fort bien... Où se rendent-ils?

MAURICE. Au Maroc, et de là, sans doute, à Alger.

LE COMMANDANT. C'est pour vous un moyen de salut, je suis heureux qu'il vous soit offert.

MAURICE. Comment?...

LE COMMANDANT. Pour rien au monde, je n'aurais voulu vous laisser seul ici; mais, d'un autre côté, quels risques n'auriez-vous pas courus en vous embarquant avec nous?...

HÉLÈNE. Quoi! mon père, auriez-vous donc l'idée de partir sans lui?

LE COMMANDANT. Le bâtiment que je monte appartient à l'État, et je ne saurais prendre avec moi un homme condamné par les lois françaises.

HÉLÈNE. Injustement condamné, mon père; M. Maurice est innocent.

KERVEGUEN. Dieu m'est témoin que je le souhaite de toute mon âme!

HÉLÈNE. Il me l'a attesté au milieu même des plus grands périls, et l'on ne ment pas, croyez-moi, quand on est sans cesse prêt à paraître devant Dieu!

LE COMMANDANT. Mais suffit-il que je le croie? Et serait-il à même de le prouver?

MAURICE. Non, monsieur, je vous l'ai dit, je n'espère que dans l'avenir...

LE COMMANDANT. Eh bien, jeune homme, disposez de moi, de mon crédit, quand il en sera temps; jusque-là votre retour en France vous exposerait à des poursuites; et quand même je fermerais les yeux sur le devoir qui m'est tracé, il se trouverait à mon bord assez de gens pour vous dénoncer, vous livrer.

HÉLÈNE. Ciel!

MAURICE. Aussi, monsieur, n'avais-je pas l'intention de revoir mon pays, avant d'être à même d'y paraître avec honneur... Je comptais me rendre en Allemagne, le plus près possible de cette France que j'aime toujours.

KERVEGUEN. Vous avez raison... Quant à vos moyens d'existence, c'est à moi d'y pourvoir.

MAURICE, avec dignité. Monsieur...

KERVEGUEN. C'est une dette de reconnaissance.

MAURICE. Quand d'en serait une... quand la vie d'une personne chère se payerait avec de l'or, je ne saurais accepter les dons d'un homme qui n'a pas commencé par me donner la main.

KERVEGUEN, sur le point de lui tendre la main, puis réprimant ce mouvement par réflexion. Cette noblesse de sentiment, monsieur Maurice, m'inspire le vif regret de ne pouvoir, en conscience, aller au delà de ce que je vous ai dit.

HÉLÈNE. Ah! mon père, il est impossible que vous songiez à le laisser ici!

KERVEGUEN. N'a-t-il pas un moyen de partir?

HÉLÈNE. Partir sans nous?

KERVEGUEN. Il le faut bien : sa route n'est pas la nôtre...

HÉLÈNE, s'exaltant. Ah! c'est de l'ingratitude, cela!...

KERVEGUEN. Ma fille!...

HÉLÈNE. L'abandonner! Non, cela ne se peut pas!... Je ne l'abandonnerai pas, moi!...

KERVEGUEN. Que dis-tu?

HÉLÈNE. Dieu sait combien je vous aime, combien je vous respecte, mon père; mais, si vous partez sans lui... eh bien, vous partirez aussi sans moi!...

KERVEGUEN. Hélène! songez-vous?...

HÉLÈNE. Je songe que ma place est auprès de lui.

KERVEGUEN. Que dis-tu, malheureuse enfant?...

HÉLÈNE. Monsieur, vous n'êtes pas venu ici pour m'arracher à lui... moi, si heureuse de vous revoir!

KERVEGUEN. Ai-je bien compris?... Mais tu l'aimes donc cet homme?

HÉLÈNE. Si je l'aime!... (Avec exaltation.) Oui, pour toujours...

KERVEGUEN. Ah! la raison s'égare!...

HÉLÈNE, courant dans les bras de Maurice. Mon père! je suis sa femme!...

KERVEGUEN. Toi?...

HÉLÈNE. Dieu nous a unis... Dieu seul peut nous séparer!

KERVEGUEN, atterré. Ah!

MAURICE. Monsieur, pardonnez-moi...

KERVEGUEN. Vous pardonner... à vous!... Ah! c'est infâme!... Je vous connais maintenant! vous avez abusé des périls d'une enfant, de sa reconnaissance!

MAURICE. Monsieur!...

KERVEGUEN. Retirez-vous, malheureux; retirez-vous, ou je vous livre!...

MAURICE. Oh! que m'importe! je lui ai consacré ma vie...

KERVEGUEN, arrachant sa fille des bras de Maurice. Oserez-vous la disputer à son père?...

MAURICE. Oui, si son père ne craint pas de la tuer... (Montrant Hélène qui s'évanouit.) Voyez, elle se meurt.

KERVEGUEN. Ma fille!... Au secours?!... Ma fille!...

SCÈNE XII.

Les Mêmes, LE MAJOR GARNIER, Matelots, LE PÈRE LAJOIE.

LE MAJOR. Qu'est-ce donc?... Mademoiselle Hélène évanouie? Qu'on la transporte à la chaloupe!... (On exécute cet ordre.)

MAURICE. L'emmener ainsi!...

KERVEGUEN. Silence!... (Aux matelots.) Retenez cet homme... (Le père Lajoie se jette sur Maurice avec deux matelots.)

MAURICE. Ah! laissez-moi! laissez-moi!...

KERVEGUEN, à Maurice. N'essayez pas de nous suivre... Malheur à vous, si vous me forcez d'accomplir mon devoir! (Il sort avec les matelots qui emportent Hélène évanouie.)

LE PÈRE LAJOIE, aux matelots. Couvrons la retraite!...

MAURICE. Hélène! on me l'enlève!... Malheureux!...

LE PÈRE LAJOIE. N'approche pas, forçat de malheur, ou je te tue comme un chien!...

MAURICE, qu'on a laissé libre. Non, vous dis-je, non, vous ne me l'arracherez pas ainsi! (Il s'élance du côté où les matelots ont disparu.)

LE PÈRE LAJOIE. Ah! tu le veux! (Il tire un coup de fusil, et tous sortent.)

MAURICE. Ah! (Il tombe. — Au même instant, des Arabes descendent de la montagne, aperçoivent Maurice étendu par terre, ils l'entourent et visitent sa blessure.)

ACTE TROISIÈME.

Un salon de campagne, au rez-de-chaussée.

SCÈNE PREMIÈRE.

MADAME DELAUNAY, assise et travaillant, HÉLÈNE, debout près de la porte à gauche qui est ouverte.

HÉLÈNE, regardant dans la chambre à gauche. Il repose bien tranquillement... sa respiration est calme... Pauvre petit ange!

MADAME DELAUNAY. Le docteur nous a bien assuré que ce mal ne reparaîtrait pas... De l'air et du soleil, voilà maintenant tout ce qu'il lui faut.

HÉLÈNE. Aussi, j'ai laissé la fenêtre du pavillon ouverte, et la brise embaumée du jardin lui caresse doucement son sommeil... Qu'il est beau, mon fils!... Regardez donc, ma bonne tante... Ah! je suis bien heureuse, après ces nuits d'angoisse!... (Elle ferme la porte avec précaution et se rapproche de sa tante.) Ainsi, le docteur ne doit plus revenir?

MADAME DELAUNAY. C'est inutile; ses fréquentes allées et venues finiraient par être remarquées; il m'a promis, du reste, la discrétion la plus absolue; et, quant à notre concierge Pierre et à sa femme, cette bonne Lise, je suis sûre d'eux comme de moi-même. Ainsi, sois tranquille, ma pauvre Hélène : mon frère, le contre-amiral, retenu à Brest par les devoirs de son nouveau grade, n'apprendra rien de ce que nous avons tant d'intérêt à lui cacher.

HÉLÈNE. Ah! ma bonne tante, sans vous, que serais-je devenue?

MADAME DELAUNAY. Oui, c'est un grand bonheur que mon frère, en débarquant, il y a huit mois, ait songé tout de suite à te faire conduire chez moi, ici, dans cette campagne isolée, à deux lieues d'Orléans, où personne ne te connaît; le mystère dès lors était facile.

HÉLÈNE. Quelle situation! faire un secret à mon père de la naissance de mon enfant!

MADAME DELAUNAY. Il le faut bien; mon frère est terrible

dans ses colères! Et, depuis que j'ai entendu ses imprécations contre la mémoire de ce malheureux jeune homme...

HÉLÈNE. Un martyr, hélas! mort pour m'avoir sauvée! Depuis que j'ai perdu Maurice, mon seul bonheur est de contempler cette chère créature où je retrouve son image! C'est par mon père qu'il existe; l'arracher de mes bras, ce serait m'arracher la vie! Et vous voulez que je vive, n'est-ce pas, ma bonne tante? (Elle l'embrasse.)

MADAME DELAUNAY. Chère Hélène! (On entend parler et aboyer en dehors.)

MADAME DELAUNAY. Quel bruit! Qu'y a-t-il donc? (La porte s'ouvre.)

SCÈNE II.
Les Mêmes, MARCEL, URSULE.

URSULE, à Marcel, au fond. Allons, entrez, mais laissez votre chien dehors.

MARCEL, au fond, parlant au chien. Houp-là, Cerbère!... Pardon, excuse, mesdames; mais l'animal n'étant pas habitué à la société... (Au fond.) Houp-là!

HÉLÈNE. Marcel! (A sa tante.) C'est Marcel!

MADAME DELAUNAY. Ce matelot dont tu m'as parlé?

HÉLÈNE. Oui, notre compagnon...

MARCEL, revenant. Ça va bien, mam'selle Hélène? Ah! dame! il fait meilleur ici que dans le désert!... Moi qui tournais au moricaud, j'ai repris ma blancheur naturelle.

MADAME DELAUNAY. Qu'est-ce qui vous amène, mon ami? Vous avez donc quitté mon frère?

HÉLÈNE. J'espère que sa santé est bonne?

MARCEL. Oh! très-bonne; seulement, il s'ennuie de ne rien faire; et moi donc! Vous savez tout ce que j'ai appris de métiers là-bas, et comme j'étais toujours le premier dans tous les genres... il est vrai que j'étais tout seul... eh bien, en France, je n'ai jamais pu tirer parti de mes talents!... C'est ce qui fait que le commandant m'envoie ici pour être jardinier... avec un chien de garde... un fier chien, allez! toujours à se battre et la gueule en sang... Ah! si tant seulement nous avions la guerre, les mollets des ennemis n'auraient qu'à bien se tenir, sauf vot' respect! mais, avec la paix, bernique! nous v'là muselés!

MADAME DELAUNAY. La paix! que dites-vous?

MARCEL. Oui, oui, on renvoie les marins dans leurs foyers... J'ai pris la patache et je suis descendu au tournant de la route... C'est de là que je viens avec Cerbère, l'un traînant l'autre... c'est souvent moi qui étais l'autre... pour vous avertir, mam'selle, que votre père va arriver.

HÉLÈNE, à part. Ah! mon Dieu!

MARCEL. Sa voiture de poste nous avait même dépassés; mais il s'est arrêté en route chez un gentilhomme du voisinage.

HÉLÈNE, à part. Ah! mon Dieu!

MADAME DELAUNAY. Mon frère ici! (On entend aboyer.)

MARCEL. Eh! tenez, Cerbère le reconnaît; c'est lui! (Il va au fond.)

HÉLÈNE, à part. Ah! la force me manque!

MADAME DELAUNAY, bas à Hélène. Du courage!... je suis là... prends garde!

KERVEGUEN, entrant. Bonjour, ma sœur! Embrasse-moi, ma fille!... (A Marcel.) Va-t'en, toi!

MARCEL, au chien. Tu entends? Houp-là! (Il sort.)

SCÈNE III.
KERVEGUEN, MADAME DELAUNAY, HÉLÈNE.

KERVEGUEN. Ah çà! j'espère qu'on s'est bien porté ici pendant mon absence?... (A Hélène.) Eh! mais, je te trouve bien pâle, Hélène; serais-tu souffrante?

MADAME DELAUNAY. Ce n'est rien... Vous savez qu'en arrivant ici, cette chère enfant était encore bien faible...

KERVEGUEN. Oui, mais vous m'avez écrit qu'elle était tout à fait remise... Allons, allons, le moment est venu d'oublier les chagrins passés; c'est une vie nouvelle qui va commencer pour nous. Oui, ma sœur, n'ayant plus l'espérance de reprendre la mer, j'ai écrit au roi pour lui demander ma retraite, et dans quelques jours, nous retournerons ensemble à Paris.

HÉLÈNE, vivement. A Paris? Quoi! vous voulez?...

MADAME DELAUNAY. Votre fille, vous le savez, n'aime pas le monde plus que moi... D'ailleurs, l'air de ce pays est favorable à sa santé... le médecin me le disait encore dernièrement.

KERVEGUEN. Ce médecin est un âne, permettez-moi de vous le dire; si l'air de ce pays faisait du bien à Hélène, je ne la retrouverais pas toute languissante comme en ce moment... Je crois, au contraire, qu'il est temps de lui procurer des distractions; d'ailleurs, j'ai certains projets qui ne peuvent s'accomplir qu'à Paris.

MADAME DELAUNAY. Ah! peut-on savoir ces projets, mon frère?

KERVEGUEN, s'asseyant. Je venais justement pour vous les expliquer; mais, auparavant, il est bon que ma fille se pénètre des sentiments qui lui conviennent. J'espère que la réflexion et vos sages conseils l'auront éclairée sur l'indignité d'un choix...

HÉLÈNE. Mon père!...

KERVEGUEN. Je puis tenir compte des circonstances extraordinaires qui ont fait naître une passion si fatale; je puis excuser une faiblesse dont il ne reste plus de traces, puisque ce malheureux a été frappé, bien contre mes ordres, Hélène, je vous le jure; mais enfin il n'est plus. Je vous pardonne le passé, ma fille, à la condition que vous ferez ma volonté dans l'avenir.

MADAME DELAUNAY. Et cette volonté, mon frère, c'est?...

KERVEGUEN. C'est de réhabiliter notre honneur. Il n'a que trop souffert de certains bruits qu'une plus longue retraite pourrait accréditer. Enfin, je souffre de voir que notre famille, qui ne revit qu'en toi seule, ma fille, menace de s'éteindre, tandis que le roi, reconnaissant de mes services, promet sa faveur toute-puissante au gendre que j'aurai choisi.

HÉLÈNE. Ah! mon père!

MADAME DELAUNAY. Y songez-vous, mon frère? Un mariage!

KERVEGUEN. Parbleu! oui, j'y songe! Faut-il donc que ma fille, parce qu'il s'est trouvé un homme capable d'abuser de sa situation, soit condamnée à un isolement éternel? Je suis vieux, affaibli par les fatigues et les blessures; d'un jour à l'autre, je puis manquer à ma fille. Il est temps qu'elle reparaisse dans le monde, non pas en victime traînant un souvenir de flétrissure, mais fière, au bras d'un mari, et comme la digne héritière du nom sans tache de Kerveguen.

HÉLÈNE, avec effort. Non, mon père, non; ce que vous demandez est impossible.

KERVEGUEN, se levant. Impossible!

HÉLÈNE. Quel que soit mon respect, rien, non, rien, mon père, ne saurait me résoudre à désavouer le passé. Faute ou faiblesse, comme vous le jugerez, ce passé, hélas! je ne puis le racheter qu'en me consacrant tout entière à ses souvenirs; cet amour, je ne puis l'épurer que par ma fidélité à celui qui est mort en m'aimant! Ah! n'espérez pas que jamais un autre homme obtienne l'aveu de votre fille...

KERVEGUEN. Hélène!...

HÉLÈNE. Pardon, je ne crains plus rien maintenant. Je tremblais autrefois pour sa vie et pour son honneur; mais il est mort, et je suis forte aujourd'hui, car il ne s'agit plus que de moi... Ah! je vous en conjure, laissez-moi dans ma retraite! Il y a plus d'honneur à pleurer seule qu'à étaler aux yeux du monde une sérénité hypocrite; ce serait la véritable honte, celle dont je rougirais, et ce n'est pas vous, mon père, qui voudrez l'infliger à votre enfant!

KERVEGUEN. Assez, assez!... Je vois que vous n'avez pas compris, fille ingrate! ce que vous devez à votre famille, à votre père!... Préoccupée d'une douleur égoïste, vous oubliez que le soin de votre réputation m'appartient; j'ai le droit d'ordonner... et j'ordonne!

MADAME DELAUNAY. Mon frère!

KERVEGUEN. Vous devez me seconder, ma sœur; plus tard, vous serez fière de votre nièce, de sa situation heureuse, enviée!... Car le gentilhomme que je lui destine pour époux...

HÉLÈNE. Ah! ne le nommez pas, mon père!... Plus il sera noble et honnête, plus mon âme se révolte à l'idée d'un mensonge!...

KERVEGUEN. Eh! qui parle de mensonge? Me croyez-vous capable de tromper quelqu'un? J'ai tout révélé à ce gentilhomme, sauf le nom dont vous auriez à rougir; il sait que ma fille a été cruellement abusée; mais il sait aussi qu'il peut compter sur l'honneur de sa femme.

MADAME DELAUNAY. Enfin, ce gentilhomme?...

KERVEGUEN. Vous l'avez vu, ma sœur; il habite une de ses terres, voisine de cette propriété. Il a remarqué Hélène à l'église du bourg et à la promenade; il est vivement épris d'elle. Unique héritier, par sa mère, d'une grande famille qui vient de s'éteindre, il sollicite une charge à la cour, qui lui vaudra un titre de noblesse. Enfin, c'est M. Folbert.

MADAME DELAUNAY. En effet, je crois me rappeler...

KERVEGUEN. J'attends sa visite aujourd'hui même.

HÉLÈNE, avec égarement. Aujourd'hui! Soutenir sa vue!... L'écouter!... ici.... Oh! ce serait un sacrilège!...

KERVEGUEN. Que veut-elle dire?

MADAME DELAUNAY. Eh! mon frère, une nouvelle si brusque... Laissez-lui au moins le temps de réfléchir, de se préparer?

KERVEGUEN. Défaites que tout cela!... Eh! morbleu! je ne prétends pas la marier du jour au lendemain!... Mais je ne veux pas de refus, ou, dans ma juste colère, je...

SCÈNE IV.
LES MÊMES, MARCEL.

KERVEGUEN, à Marcel, qui entre brusquement d'un air ébouriffé. Quoi? qu'est-ce que tu nous veux, imbécile?

MARCEL. Pardon, excuse, mon amiral; c'est Cerbère que je voudrais bien ravoir.

KERVEGUEN. Cerbère! comment?

MARCEL. Voilà ce que c'est : tout à l'heure, il s'est lancé dans le jardin, et, trouvant la fenêtre de ce pavillon ouverte, il a sauté dedans. (On entend aboyer.)

HÉLÈNE, poussant un cri. Mon Dieu! ayez pitié de moi! (Elle s'élance dans la chambre.)

MARCEL. Ici, Cerbère, ici! (Il la suit.)

KERVEGUEN, stupéfait. Qu'y a-t-il donc là, pour lui causer une telle frayeur?

MADAME DELAUNAY. Que lui dire, mon Dieu?

MARCEL, sortant avec le chien. Le voilà... la vilaine bête!... Houp-là!... (Le chien court après lui.) Ah! mais!... (Il se sauve à toutes jambes.)

KERVEGUEN. Ah! je veux voir moi-même... (Il fait un pas vers la chambre.)

MADAME DELAUNAY. Mon frère, n'entrez pas, je vous en prie! (Elle veut retenir Kerveguen.)

KERVEGUEN, se dégageant. Laissez-moi... je veux savoir!... (Il pousse la porte, et recule.) Qu'ai-je vu?... A genoux auprès d'un berceau!... Quel est cet enfant qu'elle embrasse?...

MADAME DELAUNAY. Cet enfant!...

KERVEGUEN. Le sien... et celui du forçat! Oui, n'est-ce pas? Oh! malédiction sur elle! Cet enfant, fruit de son déshonneur, et témoin vivant de mon outrage... je le tuerai!...

MADAME DELAUNAY. Mon frère!... je vous en prie!... (Elle veut l'arrêter.)

KERVEGUEN. Laissez-moi! (Il la repousse.) Est-ce à vous de me retenir? Je le tuerai, vous dis-je!...

HÉLÈNE, paraissant sur le seuil. Tuez-moi donc avant lui!... oui, là, à cette place!... Car, je vous le jure, mon père, moi vivante, vous ne franchirez pas cette porte!

KERVEGUEN, furieux. Misérable! va-t'en! ou cette main... (Il lève la main.)

MADAME DELAUNAY. Mon frère, revenez à vous!... Êtes-vous un homme? Écoutez la raison, ou plutôt votre cœur... Voyez votre fille... si elle a pu survivre à celui qu'elle aimait, ah! croyez-le, elle ne survivrait pas à son enfant!... Qu'importe ce que fut le père? La pauvre petite créature est innocente!... Ah! vous ne savez pas cela, vous autres hommes, mais, plus la naissance de ces malheureux êtres a été entourée de circonstances fatales, plus une mère s'attache à l'orphelin que rien ne protège, et qui n'a qu'elle seule au monde!...

KERVEGUEN, accablé. Vous avez raison peut-être... Oui, je dois vaincre... la passion aveugle, pour n'écouter que la justice et la prudence. Approchez, Hélène, et cessez de trembler. Je consens à ne plus revenir sur le passé, et les imprécations qui me sont échappées tout à l'heure seront les dernières que j'aurai adressées à la mémoire d'un malheureux...

HÉLÈNE. Ah! mon père!...

KERVEGUEN. Mais c'est à la condition que vous oublierez, comme je veux oublier moi-même.

HÉLÈNE. Oublier!

KERVEGUEN. Ou du moins vous garderez sur lui, sur le passé, un silence éternel.

HÉLÈNE. Je vous le promets, mon père. Mais... mon fils?

KERVEGUEN. J'aurai soin de lui... et, malgré les odieux souvenirs que sa vue seule réveille, cet enfant sera le mien.

HÉLÈNE, se précipitant sur les mains de son père, et les baisant. Ah! mon père, que vous êtes bon!

KERVEGUEN. Mais à mon tour, Hélène, j'attends de vous un sacrifice, ou plutôt ce sacrifice, je tiens à lui, à votre enfant que vous le ferez; vous accepterez l'alliance honorable qui doit couvrir la tache du passé; vous épouserez M. de Folbert.

HÉLÈNE. O ciel!

MADAME DELAUNAY. Mais, mon frère, M. de Folbert n'est pas instruit...

KERVEGUEN. Il le sera.

HÉLÈNE. Mon père, ayez pitié de moi!

KERVEGUEN. Encore?

MADAME DELAUNAY, bas, à Hélène. Prends garde, mon enfant; ne réveille pas la colère de ton père. Espérons d'ailleurs que M. de Folbert n'acceptera pas...

URSULE, entrant. Voici M. de Folbert.

HÉLÈNE, à part. Lui!

KERVEGUEN. Allez, ma fille, et rappelez-vous mes conditions; l'avenir de votre fils dépend de vous. Je vais engager votre parole.

HÉLÈNE, tremblante. Mon père!... (Bas, à madame Delaunay.) Ah! que je suis malheureuse!

MADAME DELAUNAY. Viens embrasser ton enfant. (Elles sortent à gauche.)

SCÈNE V.
KERVEGUEN, FOLBERT.

FOLBERT. Il me tardait, mon cher amiral, de vous présenter mes devoirs, et de faire agréer mes hommages à ces dames.

KERVEGUEN. Vous excuserez ma fille, monsieur, une légère indisposition...

FOLBERT. Ah! combien je suis désolé!... sa santé m'est si précieuse!... car je l'aime avec une ardeur!...

KERVEGUEN. Cet amour dont je ne doute pas... car vous en avez déjà donné une grande preuve... cet amour m'encourage à vous parler sans réserve.

FOLBERT. Je vous écoute. (Ils s'asseyent.)

KERVEGUEN. Vous savez combien je tiens à votre alliance; dans cette vue, j'ai appuyé auprès du roi votre demande, et je me flatte d'un prochain succès.

FOLBERT. Ah! mon cher amiral, combien je vous suis reconnaissant! Et qu'il me tarde!...

KERVEGUEN. Attendez, cependant; un nouveau scrupule vient m'arrêter aujourd'hui.

FOLBERT. Que dites-vous?

KERVEGUEN. Je vous ai déjà révélé, non sans confusion, l'événement qui a désolé ma famille, une séduction accomplie... dans des circonstances, excusables peut-être pour ma fille, par un malheureux qui n'existe plus.

FOLBERT. Un lâche, qui a bien fait de mourir!... Ah! je partage bien l'indignation de tous les honnêtes gens contre ces criminels... Mais je suis trop juste pour faire peser la faute sur la victime; et d'ailleurs, mon amour extrême imposerait silence à tout autre sentiment.

KERVEGUEN. C'est d'un digne gentilhomme, et je vous en sais gré. Mais quand j'ai accepté votre dévouement, j'ignorais qu'il dût être mis à une épreuve plus forte encore et plus pénible. Ma fille, puisqu'il faut vous le dire, ma fille n'est pas seule... il existe un témoin de son malheur... son séducteur lui a laissé un fils.

FOLBERT. Ah! un fils?...

KERVEGUEN. Je me hâte d'ajouter que cet enfant sera toujours un étranger pour elle ; je me charge de l'élever, je l'adopte.

FOLBERT, à part. Diable!

KERVEGUEN. Et nul au monde ne saura jamais qui sont ses vrais parents.

FOLBERT. Comment donc? mais c'est beau cela, c'est héroïque... Ainsi, monsieur l'amiral, vous lui donnerez votre nom?

KERVEGUEN. Sans doute.

FOLBERT. Et... votre fortune peut-être?

KERVEGUEN. Une faible part seulement; de quoi suffire à son existence, jusqu'à ce que, par son travail et son mérite, il se soit fait une place dans la société. La fortune de ma fille ne s'en trouvera pas compromise ; la plus grande part, d'ailleurs, lui vient de sa mère. Dans ces circonstances, cependant, je suis prêt à vous rendre votre parole.

FOLBERT, se levant. Monsieur l'amiral, la révélation que vous venez de me faire redouble, s'il se peut, mon intérêt pour votre fille infortunée, et je n'aspire plus qu'au moment de la nommer ma femme.

KERVEGUEN. Je n'attendais pas moins de votre loyauté.

FOLBERT. Dites de mon amour.

KERVEGUEN. Tantôt, je vous présenterai officiellement à ces dames; vous restez à dîner avec nous?

FOLBERT. Il faut d'abord que je retourne chez moi ; je vais envoyer à l'amirauté quelques papiers qu'on me demande, pour hâter un succès que je vous devrai, sans doute ; puis je reviendrai faire honneur à votre invitation. (A part.) Allons, ma fortune et mon crédit sont assurés. (Haut.) A revoir, mon cher amiral! (Il sort.)

SCÈNE VI.
KERVEGUEN, MADAME DELAUNAY.

KERVEGUEN. Venez, ma sœur, j'ai vu M. de Folbert... rien n'est changé...

MADAME DELAUNAY. Quoi! après cet aveu, il accepte?...
KERVEGUEN. Il sollicite la main de ma fille... Je vous laisse le soin d'en prévenir Hélène : qu'elle tienne sa parole, et je tiendrai la mienne. (Il sort.)

SCÈNE VII.

MADAME DELAUNAY, puis MARCEL et URSULE.

MADAME DELAUNAY. Je ne connais pas bien ce M. de Folbert; mais l'homme qui épouse une femme dans ces conditions-là est un héros de dévouement... ou un misérable!... (La porte du fond s'ouvre.)
URSULE, querellant Marcel. Une belle chose que vous avez faite là!
MARCEL. Est-ce que c'est ma faute? Il me fera damner, ce maudit chien! il est pire que Daniel! Vrai, j'aimais encore mieux l'autre...
MADAME DELAUNAY. Qu'y a-t-il donc, Ursule?
URSULE. Voilà ce que c'est, madame; il avait lâché le chien...
MARCEL, l'interrompant. Non, au contraire, voilà ce que c'est : j'avais lâché le chien...
URSULE. Eh bien?
MARCEL. Eh bien, quoi?
URSULE. Alors, il a sauté sur la route par-dessus la haie.
MARCEL. Moi, j'ai sauté?...
URSULE. Je parle de l'animal.
MARCEL. Je croyais que c'était de moi.
MADAME DELAUNAY. Enfin?...
URSULE. Un pauvre homme venait de s'arrêter contre la grille ; le chien s'est jeté sur lui et l'a renversé ; Pierre et moi, nous sommes accourus : Pierre a entraîné la bête, et moi, j'ai donné des soins à ce malheureux... Il voulait se remettre en route, mais il a l'air si fatigué, qu'il n'aurait conscience à le laisser repartir, et j'ai pensé que ces dames voudraient lui donner quelques secours...
MADAME DELAUNAY. N'est-ce pas notre usage?... Faites-le entrer. (Ursule sort.) Allez, Marcel.
MARCEL. Ça n'arrivera plus, madame; une fois l'animal dans sa niche, je le surveillerai, il y a place pour deux... (Il sort à gauche.)
URSULE, introduisant Maurice. Le voici, madame! (Elle sort.)

SCÈNE VIII.

MADAME DELAUNAY, MAURICE. Il est pauvrement vêtu ; sa barbe est inculte, et sa figure pâle.

MADAME DELAUNAY. Approchez... Vous paraissez souffrant, malheureux... Voici d'abord quelque argent.
MAURICE. Merci, madame. Je vous sais généreuse... mais je ne demande pas l'aumône.
MADAME DELAUNAY. Comment?...
MAURICE. C'est une autre faveur que j'ose implorer de votre bonté.
MADAME DELAUNAY. Quel langage!
MAURICE. Vous ne me reconnaissez pas?... Ah! c'est que vous m'avez vu dans une situation bien différente... il y a longtemps!
MADAME DELAUNAY. Vous!
MAURICE. Mais j'espérais trouver ici une personne qui, malgré mes haillons, malgré l'altération de mes traits, m'aurait reconnu, elle!
MADAME DELAUNAY. Que dit-il?
MAURICE. Ah! de grâce, faites que je revoie Hélène, une fois, une seule fois, avant de mourir...
MADAME DELAUNAY. Hélène!

SCÈNE IX.

LES MÊMES, HÉLÈNE.

HÉLÈNE. Qui m'appelle?... (Voyant Maurice.) Ah! est-ce un songe, une illusion?... Non, ce n'est pas possible...
MAURICE. Hélène!
HÉLÈNE, s'élançant dans ses bras. Maurice!
MADAME DELAUNAY. Maurice!...
MAURICE. Ah! tu ne m'avais pas oublié!...
HÉLÈNE. Quoi! je ne me trompe pas?... Quel miracle!... Sauvé! toi, que j'ai pleuré si longtemps!...
MAURICE. Après le départ de votre père, les Arabes m'ont trouvé étendu sur le sable, inanimé... Ils m'ont cru mort, ils allaient s'éloigner, quand l'un d'eux, jetant sur moi un dernier regard, me vit remuer les lèvres... je murmurais un nom... m'a-t-il dit depuis... le nom d'Hélène... c'est ce qui m'a sauvé... On m'a emporté... Arrivé au Maroc avec la caravane, je trouvai là un travail manuel qui me permit d'amasser quelques ressources pour revenir en Europe... aux prix de mille dangers je le savais!... Mais j'avais besoin de revoir Hélène... et de te dire un dernier adieu!
HÉLÈNE. Un adieu!
MAURICE. Au moins, tu n'accuseras plus ton père de ma mort... En débarquant, j'appris qu'il était à Brest... Je m'informai du lieu que sa famille habitait... Je me mis en route à pied, par les chemins les moins fréquentés... A présent, je le sais, je ne puis échapper à ma destinée ; mais je brave tout, et nous verrons, oui, nous verrons si le ciel impitoyable m'a maudit jusqu'au bout!
HÉLÈNE. Maurice, ne blasphème pas!
MAURICE. Non! Dieu n'est pas juste!...
HÉLÈNE. Ne blasphème pas, te dis-je!... Car tu ne sais pas tout!... (Ouvrant la porte de la chambre.) Regarde!...
MAURICE. Un berceau!... un enfant!...
HÉLÈNE. Le tien, Maurice, le tien!
MAURICE. Ah! Hélène, lui!... (Tombant à genoux.) Pardon, mon Dieu, pardon!...
HÉLÈNE. Vois... il attend ta première caresse.
MAURICE, se précipitant dans la chambre. Ah! mon fils! mon fils!
MADAME DELAUNAY, à Hélène, qui veut le suivre. Prends garde!... ton père!
HÉLÈNE. Ah! (A Maurice.) Ne bouge pas! (Elle referme la porte sur lui, et se tient debout à côté.)

SCÈNE X.

LES MÊMES, KERVEGUEN.

KERVEGUEN. Préparez-vous, ma fille, à recevoir M. de Folbert ; c'est à votre bouche de confirmer la promesse que je lui ai faite.
HÉLÈNE. Une promesse!... Quelle promesse?...
KERVEGUEN. Eh bien, ce mariage...
HÉLÈNE. Jamais, mon père! Plutôt mourir!
KERVEGUEN. M'expliquerez-vous votre conduite? Il y a une heure, vous m'avez promis de vous soumettre, et maintenant...
HÉLÈNE. Ah! pardon... pardon, mon père!
KERVEGUEN. Le temps de l'indulgence est passé... Il n'y a plus ici qu'un père offensé qui invoque ses droits. Il faut obéir, Hélène, ou justifier votre changement.
HÉLÈNE, avec énergie. Je n'ai jamais changé, mon père, non, jamais! Et quand ma bouche parlait d'obéissance, mon cœur résistait... (Regardant à gauche.) Comme il résistera toujours!
KERVEGUEN. En est-il ainsi? Eh bien, morbleu! nous verrons qui des deux se lassera... Mais pourquoi vos yeux sans cesse tournés vers cette porte?...
HÉLÈNE. Moi? Je...
KERVEGUEN. Si c'est votre enfant qui vous préoccupe, son intérêt devrait vous conseiller. Mes offres n'étaient-elles pas assez belles? Que voulez-vous de plus? Parlez! mais parlez donc!...
HÉLÈNE. Je ne demande rien...
KERVEGUEN. Puis-je croire que vous soyez encore sous l'empire d'un passé plein de honte? Mais, alors, vous me déliez de ma parole, et cet homme, qui vous a perdue, je puis encore le traiter de misérable!...
HÉLÈNE, éperdue. Mon père!...
KERVEGUEN. De lâche!...
HÉLÈNE. Pas un mot de plus, mon père, si vous ne voulez pas me faire mourir!
KERVEGUEN. Quel trouble!... et cet air d'égarement!...
HÉLÈNE. De grâce! sortons d'ici!...
KERVEGUEN. Pourquoi?... (Suivant la direction des yeux d'Hélène.) Là, toujours!... Ah! cet enfant n'encouragera plus votre résistance!... Enlevé d'ici, vous ne le verrez plus... (Il se dirige vers la porte à gauche.)
HÉLÈNE, voulant lui barrer le chemin. Mon père!...
KERVEGUEN. Fille indigne! oseras-tu me résister? (Il se dégage, et va pour entrer.)
HÉLÈNE, criant. Maurice! sauve-toi, Maurice!
KERVEGUEN, s'arrêtant stupéfait. Maurice!
MAURICE, entrant. Hélène!
KERVEGUEN. Lui!

SCÈNE XI.

LES MÊMES, MAURICE.

MAURICE. Oui, c'est moi, monsieur.
KERVEGUEN. Vivant!
MAURICE. Oui, monsieur ; vos hommes ont cru me tuer, les maladroits! Achevez donc leur ouvrage ; après cela, vous pourrez passer du père à l'enfant.

HÉLÈNE, suppliante. Maurice !
KERVEGUEN. Malheureux ! c'est lui qui me traite d'assassin !...
Lui !... Ah ! c'est dans un combat loyal que j'épuiserais ton sang, si cette épée pouvait toucher celle d'un forçat !
HÉLÈNE, suppliante. Mon père !
KERVEGUEN. Mais que vient-il chercher ici ?
MAURICE. C'est la Providence qui m'y a conduit, peut-être, pour protéger ceux qui devraient vous être sacrés.
KERVEGUEN. Et maintenant, qu'espères-tu ?
MAURICE. Rien.
KERVEGUEN. Sais-tu que je n'ai qu'un mot à dire pour que tu sois reconduit au bagne ?
MAURICE. Je le sais.
HÉLÈNE. Mais, ce mot, vous ne le direz pas, mon père ; car je dirai, moi, que je suis sa femme.
KERVEGUEN. Toi ?
HÉLÈNE. Et, en même temps, je crierai qu'il est innocent !
KERVEGUEN, à Maurice. Où est la preuve ?
MAURICE. Ah ! malheureux ! je le sens à présent, je ne puis apporter à ceux qui m'entourent que l'infortune et le désespoir !... (Il tombe accablé.)
HÉLÈNE. Voyez, mon père,... votre vengeance n'est-elle pas satisfaite devant cet homme humilié... votre fille désolée, et cet enfant sans nom ?... Famille digne de pitié, non de colère ! (Elle tombe agenouillée près de Maurice.)
KERVEGUEN, les contemplant. Oui... douloureux spectacle !... Moi aussi, je souffre... et ne veux plus accuser que le sort !... Mais un sentiment, qui se dégage de toute ma vie passée, me crie impérieusement que je ne puis accepter le déshonneur ! Écoutez-moi tous deux. — Cet homme ne peut jamais être ton mari, Hélène ; ce n'est pas moi, ce sont les lois qui le défendent. Une pareille union serait nulle aux yeux des hommes, et pas un prêtre ne la bénirait. — Est-ce vrai ? répondez.
MAURICE. Oui !
KERVEGUEN. Il ne peut même pas rester en France ; le premier venu peut le livrer à la justice. Et moi-même, mon devoir, comme serviteur du roi, serait de signaler un criminel... Ce devoir, je l'enfreindrai... j'aiderai même ce malheureux à quitter la France et l'Europe... Dans deux jours, il trouvera passage sur un bâtiment en partance pour l'Amérique. Je lui fournirai là-bas les moyens de vivre honorablement.
MAURICE. Merci, monsieur, j'ai des bras et du courage... Mais... cet enfant ?...
KERVEGUEN. Je l'ai déjà dit à Hélène : cet enfant sera le mien.
MAURICE. Ah ! monsieur !...
KERVEGUEN. A la condition... je l'ai dit aussi, et vous devez le savoir... à la condition qu'après votre départ, ma fille, libre de tous liens, contractera l'union que j'ai résolue.
HÉLÈNE. Moi !
MAURICE, après un silence. Hélène, je le vois, malgré votre respect pour votre père, c'est de moi que vous attendez votre arrêt... Ah ! que ne suis-je mort dans ce désert !... Oh ! non, non ! je blaspheme encore la Providence qui m'a permis de vous revoir, Hélène, pour vous conseiller la résignation !... Quel est l'obstacle à votre bonheur ? ma vie ? mon souvenir ?... Ma vie !... je suis mort pour le monde !... Mon souvenir ! effacez-le de vos âmes... c'est moi qui vous en conjure... et votre existence, Hélène, pourra être, sinon heureuse, du moins tranquille... Ne parlez jamais de moi à notre enfant... il ne doit pas me connaître... Les joies d'une existence brillante peuvent lui être réservées... qu'elles ne soient pas empoisonnées d'avance !... Ainsi donc... que je disparaisse... et tout sera bien !... Monsieur, je suis prêt à partir.
KERVEGUEN. Et moi... je vous pardonne.
HÉLÈNE, pleurant. Ah ! Maurice !...
KERVEGUEN. Jusqu'à ce soir, vous trouverez un asile dans la ferme... Demain, je retourne à Paris,... Marcel, seul instruit du secret, Marcel viendra prendre avec vous les papiers qui vous sont nécessaires.
MAURICE. J'obéirai. Seulement, un adieu suprême à cet enfant... que je ne dois plus revoir...
KERVEGUEN, lui montrant la porte de gauche. Soit !
MAURICE. Merci ! (Il entre à gauche.)
HÉLÈNE, éplorée. Ah ! mon père !
KERVEGUEN. Pleurez une dernière fois, ma fille, pleurez dans mes bras !... Ah ! mon émotion se trahit aussi dans cet embrassement !... Ensuite, faisons chacun notre devoir ! (Maurice sort de la chambre.)
HÉLÈNE, allant vers lui. Ah ! Maurice !
MAURICE. Je l'ai embrassé... il me souriait... Pauvre enfant ! puisse-t-il être heureux !... Adieu, Hélène !...
HÉLÈNE. Ah !
MAURICE. Allons, plus de faiblesse !... (A Kerveguen.) Adieu, monsieur, je vous remercie.

KERVEGUEN, faisant effort sur lui-même. Maurice... votre main !
MAURICE, se précipitant sur la main de Kerveguen. Ah !... (Il sort.)

ACTE QUATRIÈME

Un grand salon à arcades préparé pour une fête.

SCÈNE PREMIÈRE.

LE MAJORDOME, PLUSIEURS DOMESTIQUES en grande livrée, les uns allumant des lustres, les autres disposant des caisses de fleurs, puis MARCEL.

LE MAJORDOME, aux autres. Allons, vite, dépêchez-vous ; c'est pendant le bal qu'on signera le contrat de mariage de mademoiselle. Préparez tout pour que la fête soit magnifique ; il faut qu'on s'amuse, qu'on soit gai !
UN DOMESTIQUE, riant bêtement. Ah ! ah ! ah !
LE MAJORDOME. Qu'est-ce qu'il a donc, celui-là ?
LE DOMESTIQUE. Dame ! vous dites qu'il faut qu'on soit gai... Eh ! eh ! eh !
LE MAJORDOME. Imbécile ! ce n'est pas pour toi que je dis ça, c'est pour la société.
LE DOMESTIQUE, reprenant son sérieux. Excusez, c'est fini. (On voit au fond Marcel qui examine tout avec un air d'admiration.)
LE MAJORDOME. Hé ! vous autres, faites attention !... Qu'est-ce que c'est que cet intrus-là ?
MARCEL, entrant en faisant de grandes salutations à droite, à gauche. Messieurs... (Au majordome.) Monsieur le marquis...
LE MAJORDOME. Eh ! je ne suis pas marquis !
MARCEL. Alors, monsieur le comte... (Regardant de tous côtés.) Crédié, comme c'est équipé ici ! On n'ose pas se frotter à vos bastingages... J'ai bien fait tout de même de ne pas amener le chien.
LE MAJORDOME. Ah çà, qui es-tu, et que veux-tu ?
MARCEL. Marcel, pour vous servir... Je suis venu à Paris pour parler au monstre.
LE MAJORDOME. Au monstre !
MARCEL. Excusez, c'est un terme d'amitié, à bord... On voit bien que vous n'avez pas navigué. Enfin, c'est mon amiral que j'ai affaire.
LE MAJORDOME. Ah bien oui ! il a bien le temps de t'écouter ! Allons, débarrasse-nous, va-t'en !
MARCEL. Sans vous commander, mon gentilhomme, j'ai une commission pressée...
LE MAJORDOME, élevant la voix. Tu le feras demain ! Allons, hors d'ici, manant ! et plus vite que ça, ou sinon... (Les domestiques s'avancent pour mettre Marcel à la porte.)
KERVEGUEN, entrant. Qu'est-ce que c'est ?
MARCEL. Ah ! mon amiral !
KERVEGUEN. Marcel ! Marcel qu'on se permettait de renvoyer ? (Au majordome et aux domestiques.) Sortez, drôles !
MARCEL, à part. Tiens ! les gentilshommes étaient des domestiques ! (Haut, allant au fond.) Sortez, drôles ! (Les domestiques sortent.)

SCÈNE II.

KERVEGUEN, MARCEL.

KERVEGUEN. Je t'attendais. Tu as amené Maurice à Paris ?
MARCEL. Oui, mon amiral.
KERVEGUEN. Où l'as-tu laissé ?
MARCEL. A Passy, chez mon parrain.
KERVEGUEN. Tu n'as rien dit à personne ?
MARCEL. Plus souvent ! Vous m'aviez dit d'être muet comme un poisson ; je me suis modelé sur l'animal.
KERVEGUEN. Vous partirez demain matin pour Marseille. (Lui remettant des papiers.) Voici ce que j'ai promis... un passeport que j'ai fait délivrer par l'amirauté et j'ai visé moi-même, une recommandation pour M. de Labourdonnaie, mon ami, gouverneur de l'Ile de France, et cette bourse, qui suffira amplement aux frais du voyage ; plus tard, je vous ferai passer d'autres fonds. La frégate l'*Atalante* est prête à vous recevoir... qu'il parte, qu'il oublie la France !
MARCEL. On tâchera, mon amiral.
KERVEGUEN. Eh ! mais, tu es ému, je crois !... Toi, un marin !
MARCEL. Oh ! ce n'est pas pour moi... Les voyages, ça me forme... mais lui, le pauvre diable !... Je l'aime bien, voyez-vous, quoiqu'il n'ait jamais voulu me raconter toute son histoire. C'est égal, je gagerais ma main qu'il n'est pas coupable.

KERVEGUEN. Dieu le veuille!... Tu auras soin de lui; tu tâcheras de soutenir son courage. Dis-lui de ma part, oui, répète-lui bien que je ne suis animé d'aucune haine contre lui, et que j'ai obéi seulement à un devoir d'honneur. Qu'il en appelle à sa conscience, comme moi à la mienne; si elle le condamne, qu'il se résigne; si elle l'absout, qu'il se console. Dieu seul sait l'avenir. Maintenant, retourne auprès de lui; que le ciel vous garde! Adieu! (Il sort en lui faisant un signe affectueux.)

SCÈNE III.
MARCEL, puis M. DE FOLBERT.

MARCEL. Allons, v'là qui est dit; demain matin, encore en route !... Si ça n'est pas plus gai qu'en venant ici... Impossible de lui faire desserrer les dents!... et puis un air... tantôt en dessous, tantôt au vent... comme quelqu'un (Montrant son front.) qui a perdu sa boussole... Ah! dame!... c'est qu'il n'est pas à la noce!... A propos de noce... (Regardant autour de lui.) il paraît que j'y suis, moi... Eh bien, c'est égal, quand je pense à lui, j'aimerais encore mieux être sur la côte sauvage... sans Daniel. Allons! (Il va pour sortir.)

FOLBERT, entrant. — A des valets qui portent une corbeille. Portez ces présents à ma fiancée. (Les domestiques sortent à droite.)

MARCEL, à part. Tiens! v'là le marié!

FOLBERT, à lui-même. Tout cela est parfait; le roi lui-même daignera signer le contrat de mariage... J'achète une charge à la cour, et bientôt chevalier des ordres... (Il se trouve face à face avec Marcel, qui l'examinait.)

MARCEL, reculant. Mais oui... c'est lui! Je ne me trompe pas!

FOLBERT. Plaît-il?

MARCEL. Monsieur de Folbert!

FOLBERT. Comment? Qu'est-ce que c'est?

MARCEL. Monsieur de Folbert ne me remet pas? hein?... (Faisant le signe de donner un coup de pied.) Cette jambe-là... ça ne vous dit rien?

FOLBERT. Quel imbécile est-ce là?

MARCEL. Je vois que vous commencez à me reconnaître... Marcel... vous savez bien... le filleul de mon parrain... de mon parrain Faustin...

FOLBERT. Ah! Faustin?...

MARCEL. De Passy.

FOLBERT. Oui... oui...

MARCEL. Que vous avez pris en affection... même que vous lui avez donné votre petit pavillon de Passy... C'est là, depuis qu'il est veuf, qu'il enlasse sou sur sou avec la rente que vous lui avez faite... car c'est drôle comme vous avez été bon pour lui!

FOLBERT, contrarié. C'est bien.

MARCEL. Faut qu'il vous ait rendu de fiers services!

FOLBERT, impatienté. C'est bien, te dis-je.

MARCEL. Mais tout ça ne lui a pas profité... pauvre bonhomme la boisson l'a abruti... Quel vieux crétin !... sauf le respect que je lui dois... il ne me reconnaissait seulement pas... j'ai été obligé de lui dire mon nom et de lui rappeler le jour où je l'ai quitté, le jour de sa fête, quoi, il y a eu trois ans juste le 15 février.

FOLBERT, tressaillant. Le 15 février!

MARCEL. Vous savez bien, chez M. Duromé?

FOLBERT, à part. Duromé!

MARCEL. Car vous étiez là, vous?

FOLBERT. Moi? Allons donc!

MARCEL. A preuve... qu'on a quelque chose à vous rendre.

FOLBERT. Quoi donc?

MARCEL. Un portefeuille que vous avez perdu ce soir-là...

FOLBERT, troublé. Hein?

MARCEL. Un portefeuille, en maroquin rouge.

FOLBERT, à part. Celui de Duromé!... Ce n'est donc pas en traversant la rivière que je l'ai laissé tomber!... Et cette lettre de change qu'il contenait!...

MARCEL. Vous dites?

FOLBERT, haut en se remettant. Je dis que tu te trompes,' mon garçon! je ne me rappelle pas...

MARCEL. Puisqu'on m'avait envoyé coucher dans le petit hangar qui était tout près de votre pavillon... et que la nuit je vous ai vu rentrer.

FOLBERT. Moi!... Tu m'as vu?...

MARCEL. Et puis que le lendemain matin, en me mettant en route, j'ai trouvé par terre, devant le pavillon... le portefeuille... Il n'y a que vous qui ayez pu le perdre... c'est clair.

FOLBERT, à part. Maladroit !... (Haut.) Tu l'as ouvert?

MARCEL. Naturellement!

FOLBERT. Et tu as lu?...

MARCEL. Oh! rien... fi donc!... je ne suis pas lire.

FOLBERT. A la bonne heure !... Et qu'en as-tu fait?

MARCEL. Ma foi, j'étais pressé... je l'ai serré dans une petite cachette du pavillon qui servait au vieux pour la contrebande.

FOLBERT. Mais maintenant?

MARCEL. En arrivant à Paris, j'ai dit la chose à mon parrain.

FOLBERT. Ainsi le portefeuille...

MARCEL. Doit être encore dans la cachette.

FOLBERT, à part. Diable! il faut absolument le ravoir. (Haut.) Je me rappelle ce portefeuille... quelques papiers sans importance...

MARCEL. Bien fâché...

FOLBERT. Cependant, ta peine mérite salaire... tu m'as l'air d'un brave et honnête garçon, soigneux, avisé, dévoué...

MARCEL, à part. Tiens, tiens, comme il est devenu câlin !

FOLBERT, lui donnant de l'argent. Voici pour toi.

MARCEL. Deux louis!... (A part.) Lui qui autrefois m'avait allongé gratis... (Il répète le signe du coup de pied.)

FOLBERT, à part. Si je pouvais m'échapper ce soir !... Mais cette fête que j'ai ordonnée moi-même... (Haut, à Marcel qui veut sortir.) Reste ici... j'aurai peut-être des instructions à te donner.

MARCEL. A moi ?...

FOLBERT, à part. Je ne veux plus le perdre de vue...

MARCEL. C'est que j'ai affaire...

FOLBERT. Bien, bien. (A des domestiques et au majordome qui paraissent au fond.) Ayez bien soin de ce digne garçon, et faites le rafraîchir.

MARCEL. Passe pour me rafraîchir. (A part.) Mais une fois lesté...

LE MAJORDOME. Veuillez me suivre, monsieur Marcel.

MARCEL. Vous suivre? Allons donc! je passe devant; suivez-moi, domestique ! (Il sort avec le majordome.)

SCÈNE IV.
FOLBERT, puis HÉLÈNE et MADAME DELAUNAY.

FOLBERT, seul. Maudite rencontre !... Mais qu'importe après tout ?... (Voyant entrer Hélène et madame Delaunay.) Ah! voici ma belle fiancée ! (Hélène est en grande parure, et très-pâle. Elle est soutenue par madame Delaunay.) Plus charmante que jamais, avec cette parure.

MADAME DELAUNAY. Mademoiselle de Kerveguen remercie monsieur de Folbert des présents qu'il lui a offerts.

FOLBERT. Puissent-ils vous paraître dignes de vous, mademoiselle ! M. votre père m'attend dans son cabinet pour régler certains points du contrat auquel Sa Majesté doit ajouter des grâces particulières. Encore quelques heures, et je serai le plus heureux des hommes. (Il salue Hélène, qui lui fait une révérence silencieuse. — A part.) Pas un mot! Soit, mademoiselle de Kerveguen, j'aurai bientôt raison de vos mépris. (Il sort.)

SCÈNE V.
MADAME DELAUNAY, HÉLÈNE.

MADAME DELAUNAY. Sais-tu que tu m'effrayes, Hélène? Cette contenance glacée, ce silence... et, tout à l'heure, cette immobilité complète quand je m'occupais de te parer... est-ce là ce que tu m'avais promis? Qu'as-tu donc?

HÉLÈNE, comme sortant d'un rêve. Moi? Rien... Ah ! peut-être un reste de cet assoupissement que le médecin m'a procuré cette nuit... Tranquillisez-vous, ma bonne tante, vos soins ne seront pas perdus... Je serai gaie... je paraîtrai heureuse... (Avec effort, et affectant une joie exaltée.) Oh ! la belle fête ! ces apprêts sont superbes ! Que tout cela est bien ordonné !... Voyez... n'ai-je pas le sourire dans les yeux, sur les lèvres ?... (Marchant avec agitation.) Est-ce que je ne suis pas prête à faire le honneurs? Est-ce que je ne suis pas la reine du bal?

MADAME DELAUNAY. Ah ! chère enfant, c'est du calme que je te demande. (Quelques personnes paraissent au fond.) Voici déjà des invités... je vais d'abord les recevoir en ton nom... Mais, tout à l'heure, il faudra bien que tu m'aides... Remets-toi, pour prévenir les soupçons... C'est ton honneur qui le veut, et celui de ton père.

HÉLÈNE. Oui... j'aurai la force d'achever cette cérémonie. (Madame Delaunay va au fond parler à quelques invités, et disparaît avec eux.)

SCÈNE VI.
HÉLÈNE, puis MARCEL.

HÉLÈNE, seule, assise. Est-ce bien moi... dans cette toilette ?... Ah ! c'était de deuil qu'il fallait me parer !

MARCEL, entrant. A présent, filons !... Je crois que c'est par ici... (Apercevant Hélène.) Madame Hélène !

HÉLÈNE, tournant la tête. Marcel! (Elle se lève.) Toi ici! toi, mon ami? Tu reviens seul? Il est parti?
MARCEL. Parti. (A part.) Diable ! on ne m'a pas averti de ce qu'il fallait dire !
HÉLÈNE. Ah! Marcel, tu m'apportes ses adieux, sans doute? Oui, peut-être une lettre, un souvenir?...
MARCEL. Non, non... je n'aurais pas osé...
HÉLÈNE. Eh! qui peut m'en faire un crime, à présent qu'il est loin de moi?
MARCEL. Pas trop loin... De Paris à Passy...
HÉLÈNE. Que dis-tu?
MARCEL. Saperlotte! le mot est lâché!
HÉLÈNE. Il est là?
MARCEL. Chut!
HÉLÈNE. Je pourrais le revoir ?
MARCEL. Oh! quant à ça!...
HÉLÈNE. Une fois encore, une seule, ne fût-ce qu'une minute, il le faut!... Ah! Marcel, tu regretterais un jour de m'avoir refusé; car c'est un vœu sacré que je t'adresse, oui, sacré comme le serait celui d'une mourante!
MARCEL. Ah! mon Dieu, ne dites donc pas de ces choses-là! ça me fait déjà assez de peine que vous deveniez madame Folbert... Mais comment voulez-vous que je fasse?
HÉLÈNE. A la faveur de cette fête, il est facile de pénétrer ici.
MARCEL. C'est vrai... avec ça que j'y ai mes entrées... Je suis ici comme chez moi... Mais si le monstre... je veux dire si votre père nous voyait...
HÉLÈNE. Ne crains rien... je ferai en sorte d'être seule...
MARCEL. C'est que...
HÉLÈNE. Tu hésites? Ah! Marcel, mon bon Marcel, je t'en supplie par tout ce qui t'est cher, fallût-il me mettre à tes genoux...
MARCEL. Fi donc! vous gâteriez votre belle robe!... Ma foi, tant pis! je vais faire une sottise; mais, bah! si on réfléchissait, on ne ferait jamais rien de bon!... Je vas vous le chercher!...
HÉLÈNE. Ah! merci, merci ! (Marcel sort par la gauche.)

SCÈNE VII.

HÉLÈNE, MADAME DELAUNAY, LES INVITÉS, puis KERVEGUEN et FOLBERT.

HÉLÈNE. Remettons-nous.
MADAME DELAUNAY, venant à elle. Viens, mon enfant, il est temps... (Bas.) A la bonne heure! tu me parais beaucoup mieux.
KERVEGUEN, entrant avec Folbert. Mes amis, soyez tous les bienvenus! Recevez mes remerciments et ceux de ma fille. (Tout le monde se place.)

BALLET.

KERVEGUEN, se levant. L'heure est venue de passer dans le salon, où les notaires nous attendent. — Monsieur de Folbert, donnez la main à votre fiancée. (Tout le monde suit; Folbert s'avance vers Hélène. Au même moment, Marcel se glisse derrière elle, pendant que Kerveguen est occupé à parler à des invités.)
HÉLÈNE, à part. Marcel ! (Marcel lui fait un signe, puis se perd dans la foule.)
FOLBERT, à Hélène. Mademoiselle...
HÉLÈNE, avec effort. Allons (Elle donne la main à Folbert, et sort avec lui; tout le monde les suit. Des draperies retombent sur les portes quand tout le monde est sorti.)

SCÈNE VIII.

MARCEL, puis MAURICE.

MARCEL, regardant de tous côtés. Me voilà bien seul? (Allant à droite.) Par ici. (Maurice paraît. Un domestique, qui vient de rentrer par la gauche, s'avance vers Maurice comme pour l'interroger. — Au domestique.) Monsieur est un de mes amis. (Le domestique s'incline et sort.) Voilà comme ça se pratique.
MAURICE. Ah! Marcel, comment suis-je ici?... J'avais promis à son père de ne plus la revoir!... Mais pouvais-je résister à son appel?...
MARCEL. C'est comme moi... je suis joliment compromis! (Il va entr'ouvrir le rideau du fond.)
MAURICE, regardant autour de lui. Me faire venir au milieu de cette fête!... Ah! j'allais partir le cœur plein de son image; mais, du moins, je n'avais pas vu cette pompe insultante, toute cette joie qui applaudit à notre séparation, et dont le souvenir me suivra éternellement loin d'elle ! (Il tombe accablé sur un siège.)
MARCEL, guettant. Quelqu'un s'approche. Prenez garde!
MAURICE, se levant. C'est elle !

MARCEL. Elle n'est pas seule. (Maurice et Marcel se retirent à l'écart. La portière du fond se soulève, Hélène paraît avec madame Delaunay.)
HÉLÈNE. Pardon, ma bonne tante... mais, cette signature une fois donnée, je n'ai pu rester plus longtemps... La chaleur... l'émotion... Retournez près d'eux, je vous prie... Tout à l'heure je reviendrai, avant que toutes les autres signatures aient été recueillies.
MADAME DELAUNAY. Ne tarde pas trop. (Elle l'embrasse et sort. La portière retombe derrière elle.)
MARCEL, s'avançant vers Hélène. Il est là.
HÉLÈNE. Maurice!
MAURICE, à Marcel. Veille à ce qu'on ne nous surprenne pas.

SCÈNE IX.

MAURICE, HÉLÈNE.

MAURICE. Tu m'as appelé, Hélène, et me voici.
HÉLÈNE. Sais-tu pourquoi je t'ai fait venir, malgré la parole donnée à mon père?
MAURICE. Le courage t'a manqué pour signer cet odieux contrat?
HÉLÈNE. Je l'ai signé.
MAURICE. Ah!
HÉLÈNE. Tu me comprends maintenant. Tu vois bien que je ne puis plus vivre.
MAURICE. Que dis-tu?
HÉLÈNE. Je n'ai pas osé résister à mon père; mais ce mariage serait un sacrilége, et je ne l'accomplirai pas!
MAURICE. Que veux-tu faire?
HÉLÈNE. Rester digne de toi. Ce flacon, qui donne le sommeil, peut aussi donner la mort... Mais j'ai voulu te dire adieu... Nous ne nous reverrons plus que devant Dieu... qui, je l'espère, avait béni notre union !...
MAURICE. Toi! mourir! si jeune, si belle ! Non, je ne le veux pas !...
HÉLÈNE. Que veux-tu donc? Que je commette cette lâcheté, toi vivant, d'accepter le nom d'un autre ? On me verrait, moi, près d'un époux que je déteste, partager son opulence, souffrir ses empressements, pendant que tu vivrais, toi, dans l'opprobre, dans la misère? Non, non ! Plutôt que de m'avilir à ce point, laisse-moi mourir !
MAURICE. Hélène!... et notre enfant?
HÉLÈNE. Notre enfant!
MAURICE. Son père n'existera pas pour lui ; veux-tu donc le priver aussi des embrassements de sa mère? Non, tu l'aimeras, il grandira sous tes yeux; tu ne le feras pas deux fois orphelin !... Donne-moi ce flacon, donne-le-moi !...
HÉLÈNE. Non, jamais! Mon seul refuge, c'est la mort, et elle est là !
MAURICE, avec force. Hélène, au nom de notre enfant... je veux ce flacon !
HÉLÈNE. Ah! Maurice, tu m'apprends combien une mère peut être lâche !
MAURICE, prenant le flacon et le jetant au loin. Ah! tu me promets de vivre?
HÉLÈNE, accablée. Je te le promets.
MAURICE, saisissant sa main. Ah ! merci ! (Il lui baise la main; tout à coup ses yeux se fixent sur le bracelet.) Que vois-je? Est-ce une hallucination? un rêve?... Non... non... je ne me trompe pas !... Ce bracelet... ce collier... Hélène !... au nom du ciel, d'où te vient cette parure?
HÉLÈNE. De celui que je dois épouser... de M. de Folbert.
MAURICE, avec égarement. Mais, d'où les tient-il, lui?
HÉLÈNE. Je l'ignore... Mais que t'importe?
MAURICE. Ce qu'il m'importe?... Mais ce vol... ce meurtre !... Oui... mon innocence... il est là !... Hélène ! ces bijoux... ces bijoux sont ceux de ma mère!
HÉLÈNE. Maurice! tu te trompes !... ta tête s'égare !...
MAURICE. Non! non !... je les reconnais bien, va !... Aussi, je ne pars plus, maintenant !... je ne veux plus me cacher !... Qu'on vienne! j'ai de quoi confondre mes accusateurs et découvrir le meurtrier !...
HÉLÈNE. Maurice! au nom du ciel, tais-toi !... Si mon père allait t'entendre !...
MAURICE. Je veux qu'il m'entende !... Oui, qu'il vienne !... qu'ils viennent tous !...

SCÈNE XII.

LES MÊMES, KERVEGUEN.

KERVEGUEN. Que vois-je! cet homme encore ici ?... Misérable !... malgré ta promesse, malgré tes serments !...
MAURICE, avec une exaltation croissante. J'y ai manqué... oui !... c'est vrai, et j'en remercie Dieu !... c'est lui qui m'a mis

cœur le violent désir de revoir Hélène une dernière fois! Il a voulu que ce fût par elle qu'éclatât la preuve de mon innocence!

KERVEGUEN. Toujours ton innocence!

MAURICE. Oh! vous n'en douterez plus, maintenant!... vous qui, ainsi que mes juges, prétendiez que la vente de mes diamants était une fable!... les voilà, monsieur! ils ont été donnés comme présents de noce à votre fille!

KERVEGUEN. Que dit-il? Cette parure...

MAURICE. Elle appartenait à ma mère!

KERVEGUEN. Allons donc! c'est impossible!

MAURICE. Impossible!

HÉLÈNE. Pourtant, mon père, s'il les reconnaît!...

KERVEGUEN. Il se trompe.

MAURICE. Non, non, je ne me trompe pas! et je vous prouverai...

KERVEGUEN. Voici M. de Folbert... Pas un mot de plus!

MAURICE. Oh! je ne me tairai pas!... Il faut qu'il me dise...

KERVEGUEN. Silence, encore une fois!... C'est à moi de l'interroger.

SCÈNE XIII.

LES MÊMES, FOLBERT.

FOLBERT. Mon cher amiral, la fête continue... Et si ma belle future veut bien...

KERVEGUEN. Un mot d'abord, s'il vous plaît, monsieur le marquis?

FOLBERT. Volontiers, cher amiral. (A part.) Que s'est-il donc passé ici?... et quel est cet homme? Son visage ne m'est pas inconnu.

KERVEGUEN. Cette parure offerte par vous à ma fille...

FOLBERT, à part. Cette parure!...

KERVEGUEN. Est-ce un joyau de famille?... ou bien, en avez-vous fait l'acquisition?

FOLBERT, après une légère hésitation. J'en ai fait l'acquisition.

MAURICE. Tout récemment?

FOLBERT, le regardant fixement avec aplomb. Pourquoi cette question? Et de quel droit m'interrogez-vous?

MAURICE, d'un accent fiévreux et animé. Parce que cette parure appartenait à ma mère, et qu'elle a été volée par l'assassin du banquier Duromé!

FOLBERT, pâlissant, et avec une agitation contrainte. Hein?... Quoi! L'assassin... Qui donc êtes-vous, pour supposer?...

MAURICE. Qui je suis? L'homme accusé...

HÉLÈNE, bas. Maurice!...

MAURICE. Et condamné injustement comme l'auteur de ce double crime!

FOLBERT, à part. Lui!... c'est lui!

MAURICE. Mais vous m'aiderez, monsieur, à faire découvrir le vrai coupable...

FOLBERT, effrayé. Moi!... comment?

MAURICE. En nommant celui de qui vous tenez cette parure...

FOLBERT. N'est-ce que cela?... (Reprenant son aplomb.) Assurément, mon garçon, si cela peut te servir, je ne demanderais pas mieux... mais, par malheur, cela m'est impossible.

MAURICE. Pourquoi?

FOLBERT. Parce que... je ne le connais pas... J'ai acheté cet écrin à Londres... d'un étranger... un Portugais... je crois, dont je ne sais plus même le nom... Ah çà! quelle preuve as-tu que ces diamants soient les mêmes?...

MAURICE. Une preuve irrécusable... Ce bracelet contient un secret...

FOLBERT, effrayé. Un secret!...

MAURICE. Sous le médaillon, qui s'ouvre... là se trouve un nom... celui de ma mère, et la devise de notre famille!...

KERVEGUEN, qui a pris le bracelet et qui l'a ouvert sur l'invitation muette de Maurice. Les voilà... Amélie... marquise de Rochebrune... *Dieu seul nous sauve!* (Mouvement général. — A Maurice, d'une voix émue.) Quoi!... vous vous appelez...

MAURICE. Maurice de Rochebrune...

HÉLÈNE. Ah! mon père... voilà pourquoi il ne voulait pas se nommer... Et, plutôt que d'imprimer une tache au blason de sa famille, il s'est tu, il a courbé la tête!... Le croirez-vous encore voleur et assassin?

KERVEGUEN. Mon enfant, cette preuve qui peut le rendre innocent à nos yeux, ne suffit pas devant la justice!...

FOLBERT. Non, certes... Et en présence de tant d'autres témoignages...

MAURICE, avec rage et un délire toujours croissant. Non, dites-vous? Mais que faut-il donc alors?... Faut-il que Dieu ressuscite ce malheureux, lâchement assassiné?... Oui! oui! à ma voix, devant les juges, il viendra témoigner de la vérité... Vous serez-là... monsieur le marquis... vous y serez tous... Dieu seul nous sauve!... Oui... c'est ma devise... Viens! Duromé, sors de la tombe pour proclamer mon innocence, et désigner le coupable!...

HÉLÈNE. Sa tête s'égare...

FOLBERT, à Kerveguen. Le pauvre diable est fou! (Tous les invités rentrent.)

MAURICE. Le jour est venu... enfin!... Un forçat, moi?... Non... un martyr!... C'est un triomphe qu'on me prépare!... Voyez, ils viennent en pompe me chercher au bagne... Et ces acclamations... ces chants... Pas encore... allez d'abord, allez dire à mademoiselle de Kerveguen que je suis innocent, et qu'elle en soit fière, elle qui n'a jamais douté de moi!... Ah! tant d'ivresse, tant d'honneurs après tant de honte, c'est trop... Grâce!... justice!... Ah!... (Il tombe évanoui.)

HÉLÈNE, se précipitant sur lui. Ah!...

KERVEGUEN. Arrêtez, ma fille!

MARCEL, accourant avec d'autres serviteurs. Ah! mon Dieu! qu'y a-t-il?

KERVEGUEN, à Marcel. Qu'on donne des soins à cet homme. (A part.) Pourquoi donc M. de Folbert a-t-il paru troublé?... J'éclaircirai cette affaire...

FOLBERT, à part. Il faut que cet homme reste fou, ou qu'il meure.

ACTE CINQUIÈME

Le théâtre représente un jardin : à gauche, au deuxième plan, un pavillon, élevé de plusieurs marches, qui se prolonge dans la coulisse, à gauche, et dont la face opposée au public donne sur la rivière ; à droite, un banc de pierre ; au fond, des charmilles au delà desquelles est la rivière.

SCÈNE PREMIÈRE

FAUSTIN, seul, assis sur le banc et se versant à boire. Gueusard de Marcel, va!... Me jouer un pareil tour, à moi, son parrain!... Abuser de ce que j'étais un peu dans les brouillards pour me déloger de ce pavillon, et me fourrer là-bas, dans le hangar, sans seulement me laisser le temps de reprendre mon petit magot, amassé sou par sou dans ma cachette!... Mais je le reprendrai... oui, je le reprendrai, et que ça ne tardera pas!... J'ai déjà essayé cette nuit... Voyons, du cœur!... (Il boit.) C'est drôle, j'ai beau boire... j'ai toujours le gosier en feu!... (Se levant.) A présent... (Il va vers le pavillon en trébuchant.) Pendant que le malade dort, et que le filleul est sorti...

SCÈNE II.

FAUSTIN, MARCEL.

MARCEL, paraissant sur le seuil du pavillon. C'est ce qui vous trompe, mon parrain.

FAUSTIN, reculant. Marcel!

MARCEL. Sorti, c'est vrai, mais rentré par l'autre porte. (Il montre la gauche.) Ah çà, qu'est-ce que vous voulez donc faire là-dedans?

FAUSTIN, embarrassé. Moi... petit?... Je veux savoir des nouvelles du malade.

MARCEL. Merci pour lui, ça va mieux; la nuit a été encore diantrement agitée; mais il repose maintenant, et le médecin a répondu de lui.

FAUSTIN. Qu'est-ce que ça me fait à moi?

MARCEL. Comment? mais vous me disiez tout à l'heure...

FAUSTIN. Je dis... je dis que s'il se porte bien, il est temps qu'il déguerpisse!... Je veux ma chambre, moi, je la reveux, et tout de suite, et avec tout ce qui est dedans... Lui et toi, je vous flanque à la porte... Oh! mais, c'est mon droit!... je suis propriétaire !...

MARCEL, se posant devant lui. Ah! c'est comme ça!... Eh bien, essayez donc un peu... on verra si vous avez le moyen...

FAUSTIN, trébuchant. Oui, que j'en ai des moyens... Je suis propriétaire!

MARCEL. Est-il devenu crétin, hein?

FAUSTIN. Chrétien?... Oh, que je suis bon chrétien... C'est égal... je veux, et je reveux...

MARCEL. Sa chambre... il y est acoquiné!... C'est bon... on vous la payera votre chambre.

FAUSTIN. Ah?... C'est différent, mon petit Marcel... si tu as tant seulement deux bons écus...

MARCEL. Il n'est pas avare, non! il ne l'est pas. (Tirant de l'argent de sa poche.) Tenez, les voilà.

FAUSTIN, qui a pris l'argent, à part. Je les mettrai avec les autres.

MARCEL. Mais ne revenez plus, comme la nuit dernière, rôder autour de M. Maurice.
FAUSTIN, tressaillant. Maurice !... Il s'appelle Maurice !
MARCEL. Eh bien, oui.
FAUSTIN. Maurice !... Oui... je me rappelle !... ces traits !...
MARCEL. Qu'est-ce qu'il a donc ?
FAUSTIN. Lui ! le condamné !
MARCEL. Chut !... voulez-vous bien vous taire !... Est-ce qu'on crie ça sur les toits ?... Ne vous avisez pas de le dénoncer, au moins... Car, voyez-vous, aussi vrai que je suis votre filleul, mon parrain passerait un mauvais quart d'heure.
FAUSTIN, intimidé. Ah ! petit...
MARCEL, d'un air menaçant. C'est que dans l'occasion, dame !... Je vais voir s'il est réveillé... (Montrant le poing à Faustin.) Hon !... (A part.) Il faut lui parler comme à un enfant. (Haut.) Hon !... (Faustin effrayé baisse la tête. — Marcel rentre dans le pavillon.)

SCÈNE III.

FAUSTIN, seul. Maurice !... Oui... Quel souvenir !... Il était venu, cette nuit-là... Je l'ai dit aux juges... l'autre aussi était venu... et je ne l'ai pas dit !... Il me l'avait défendu, lui... à Jacqueline et à moi... et il nous avait donné de l'or... C'est depuis ce temps-là (Montrant la bouteille.) que, pour m'étourdir... (Passant la main sur son front.) Ah bah ! des bêtises !... Je suis riche... mon trésor grossit... (Il se verse à boire.) Buvons !...

SCÈNE IV.

FAUSTIN, FOLBERT.

FOLBERT, qui s'est glissé au fond par les charmilles, arrivant près de lui, et lui retenant le bras. Faustin !
FAUSTIN, saisi. M. de Folbert !
FOLBERT. Plus bas !... il n'est pas bon qu'on sache que je suis ici. Tu as donc hébergé quelqu'un depuis hier ?
FAUSTIN. Pas moi... c'est mon garnement de filleul...
FOLBERT. Où cela ?
FAUSTIN. Là... dans ce pavillon.
FOLBERT. On ne m'a pas trompé... (Haut.) Et cet homme... dans quel état est-il ce matin ?
FAUSTIN. Mieux.
FOLBERT, à part. Ah ! malheur ! (Haut.) Et que fait-il maintenant ?
FAUSTIN. Il est couché... il dort !
FOLBERT, à part. J'ai du moins quelques instants de répit. (Haut.) Mais ton filleul, Marcel ?
FAUSTIN. Il est rentré là.
FOLBERT, mystérieusement. S'il faut l'en croire... il t'a confié un portefeuille ?...
FAUSTIN. Ah ! oui... le portefeuille... rouge.
FOLBERT. C'est cela !
FAUSTIN. Celui de M. Duromé ?
FOLBERT, tressaillant. Duromé !... Quoi ? tu sais ?
FAUSTIN. J'ai lu le nom.
FOLBERT. Le nom de Duromé ?
FAUSTIN. Dans l'intérieur... en lettres d'or.
FOLBERT, à part. Malédiction !... Voilà ce que j'ignorais !... (Haut.) Ce portefeuille, il me le faut, à l'instant même... Où est-il ?
FAUSTIN. Dans le pavillon.
FOLBERT. Là ?
FAUSTIN. Oui... caché... avec... avec ce que j'ai de plus précieux...
FOLBERT. Caché, dis-tu ?
FAUSTIN. Dans le placard, à droite du lit...
FOLBERT. Près de Maurice ?
FAUSTIN. Près de moi... Mais ne le dites pas... oh ! ne le dites pas !
FOLBERT, à part. Près de Maurice qui a repris sa raison... qu'un seul mot de Marcel ou de ce misérable peut éclairer... Et là, près de ce portefeuille... cette fausse lettre de change... mon nom... Oh ! je serais perdu... Il n'y a plus à hésiter... le moment est venu de jouer le tout pour le tout !... (Haut.) Faustin, te reste-t-il assez d'intelligence pour me comprendre ? Il s'agit de ta fortune ou de ta perte... Écoute-moi... Hier, Maurice a fait un éclat... Forçat évadé, il peut, d'un moment à l'autre, être dénoncé et arrêté... tu entends ?
FAUSTIN, hébété. Oui... arrêté.
FOLBERT. S'il parle, par un hasard fatal, plusieurs indices peuvent me compromettre... Peut-être viendrait-on à découvrir que, moi aussi, dans cette terrible nuit du 15 février, j'ai paru chez le banquier Duromé ; et comme tu as déclaré le contraire, on te poursuivra comme faux témoin.
FAUSTIN. Faux témoin !

FOLBERT. La peine est celle des galères.
FAUSTIN. Miséricorde !
FOLBERT. Eh bien, moi seul, je puis te soustraire à ce danger...
FAUSTIN, chancelant. Que voulez-vous de moi ?
FOLBERT. Tu as du courage n'est-ce pas ?
FAUSTIN. Du courage ?... (Regardant sa bouteille.) J'en aurai.
FOLBERT. Dès qu'il fera nuit, tu entreras là... (Voyant que Faustin chancelle.) Mais tiens-toi donc debout, malheureux !... (Il le secoue rudement.)
FAUSTIN. Oui... entrer là...
FOLBERT. Armé...
FAUSTIN. Armé... pourquoi ?
FOLBERT, avec force. Il me faut ce portefeuille, te dis-je !... Mais il me faut aussi...
FAUSTIN. Quoi donc ?
FOLBERT. Mais tu ne comprends donc pas ?... (A part.) Fou que je suis !... m'en reposer sur cette brute !... Non, moi-même... moi seul...
FAUSTIN. Vous me disiez...
FOLBERT. Il suffit... Donne-moi ton passe-partout... Il est possible que je revienne cette nuit.
FAUSTIN. Vous ! Seigneur Dieu ! que voulez-vous faire ?...
FOLBERT. Ne t'en inquiète pas... Tu couches dans le hangar, de l'autre côté de ce pavillon ?... N'en bouge pas... Mais ton filleul ?
FAUSTIN. Il logeait dans le voisinage.
FOLBERT. Le malade n'a plus besoin de lui... renvoie-le sur-le-champ... Et, quoi qu'il advienne ensuite, ne t'étonne de rien... Il ne serait pas étrange qu'on apprît, par hasard, demain matin, qu'un condamné, traqué par la justice, et encore sous le coup de l'exaltation de la fièvre, eût voulu échapper au bagne par un suicide.
FAUSTIN. Hein ?... que dites-vous là ?
FOLBERT. Ce qui peut arriver tous les jours... Ton devoir, à toi, c'est d'être aveugle, muet et sourd... Qu'on ne sache pas surtout que je suis venu ici...
FAUSTIN, d'une voix sourde. Comme autrefois... chez M. Duromé ?...
FOLBERT. Malheureux ! assez de souvenirs... Ton salut, je te le répète, dépendra de ta docilité et de ton silence... Tiens, en voilà d'avance le prix. (Il lui jette une bourse.)
FAUSTIN, s'inclinant. De l'or !... vous êtes mon maître ! (Folbert sort en lui faisant un nouveau signe de discrétion.)

SCÈNE V.

FAUSTIN, puis MARCEL.

FAUSTIN, seul. En voilà des mystères !... Le brouillard s'épaissit... Ce que je vois de plus clair, c'est qu'il faut sauver mon trésor... oui... cette nuit, avant que personne ne pénètre là... (Montrant la bourse.) Encore de beaux louis à y ajouter... (Comptant.) Cinq et cinq : dix, et cinq...
MARCEL, qui vient d'entrer, tendant la main. Quinze... excusez du peu !...
FAUSTIN. Au voleur !... (Reconnaissant Marcel.) Ah ! c'est toi, gredin !
MARCEL. Que vous êtes donc gentil, mon parrain, de m'amasser comme ça un héritage !
FAUSTIN. Oui, comptes-y !... Je te déshérite, drôle, si tu ne m'obéis pas à l'instant même.
MARCEL. Qu'est-ce qu'il y a pour votre service ?
FAUSTIN. Va te coucher.
MARCEL. Tiens ! j'allais vous dire la même chose !... M. Maurice va venir prendre l'air... par ainsi, débarrassez-moi le jardin...
FAUSTIN. Moi ! le propriétaire !...
MARCEL. Au hangar, le propriétaire, vite !
FAUSTIN. Drôle !
MARCEL, d'un air menaçant. Hon !...
FAUSTIN, baissant la tête. Eh bien oui, que j'y rentre !
MARCEL. Et qu'on ne vous revoie plus jusqu'à demain matin.
FAUSTIN, à part. Alors... j'aurai repris mon trésor ! (Il sort lentement par le premier plan, à gauche.)

SCÈNE VI.

MARCEL, puis MAURICE.

MARCEL. Il est encore plus abruti que je ne croyais.
MAURICE, paraissant à la porte du pavillon. Marcel !
MARCEL. Ah ! M. Maurice ! (Allant à lui.) Eh bien, êtes-vous un peu remis ?
MAURICE, avec abattement. Oui... Après le choc terrible que j'ai

reçu, ma raison engourdie commence à renaître... Je pense... je me souviens !...

MARCEL, donnant le bras à Maurice, qui descend les marches et traverse le théâtre. Ah ! dame, la crise a été rude !...

MAURICE. Ah !.., pourquoi m'a-t-on rappelé à moi-même ?... Ce médecin... à quel beau rêve il m'a arraché !... J'étais heureux, réhabilité !... et maintenant, me voilà retombé dans mon abaissement !... Ah ! le bonheur, c'était la folie !...

MARCEL. Ayez bon espoir, monsieur Maurice.

MAURICE. Hélène !... Ah ! parle-moi d'Hélène !... L'as-tu revue ?

MARCEL. Oui, monsieur Maurice... Elle voulait savoir de vos nouvelles toutes les heures... je lui en ai porté ce matin.

MAURICE. Ange de bonté !... Que t'a-t-elle dit ?

MARCEL. Rassurée sur votre santé, elle m'a remis ce petit mot pour vous. (Il tire une lettre de sa poche.)

MAURICE. Ah ! donne ! donne ! (Il baise la lettre. Il lit.) « Cher Maurice, nous ne perdons pas un instant ; mon père, qui croit enfin à ton innocence, veut réparer tout le mal qu'il nous a fait. »

MARCEL. Oui, oui, il avait l'air très-touché, le monstre !... c'est-à-dire le brave homme... car c'est un brave homme !

MAURICE, lisant. « Il est allé à Versailles pour obtenir du roi la révision de ton procès... » Ah ! puisse-t-il réussir ! (Lisant.) « Mais jusque-là, il serait imprudent de te découvrir... ta retraite n'est pas assez sûre... je crains que M. de Folbert ne la soupçonne. » (S'interrompant.) Que m'importe ! Si je n'avais que lui à craindre...

MARCEL. Ne vous y fiez pas ; il se manigance quelque chose... Tout à l'heure, j'ai entendu mon ivrogne de parrain qui jacassait tout bas avec quelqu'un, et il a de l'or plein ses poches.

MAURICE. Achevons. (Il lit.) « Il faut quitter le pavillon que tu habites ; tiens-toi prêt ce soir même... J'ai tout concerté avec Marcel... Comme les environs pourraient être surveillés, j'ai choisi un chemin qui ne laisse pas de traces... une barque t'attendra sous les fenêtres du pavillon... »

MARCEL, montrant la rivière. Là-bas... à l'ombre des saules... une fenêtre à hauteur d'appui... c'est facile. (Nuit.)

MAURICE, lisant. « Je serai sur le rivage, à quelque distance, prête à te conduire dans un asile sûr, où mon père viendra nous rejoindre. » Quel bonheur ! la revoir ! ce soir même !...

MARCEL. Voilà la nuit !... Il n'y a pas de temps à perdre... d'un instant à l'autre, on peut faire une descente ici...

MAURICE, au fond, à gauche. Eh mais !... ne vois-tu rien, là-bas ?...

MARCEL, regardant. Attendez donc... Oui, c'est le batelier... il approche doucement de l'endroit indiqué... il s'arrête devant la fenêtre... Voilà le moment !

MAURICE. Personne aux environs ?

MARCEL. Personne.

MAURICE. Et ton parrain ?

MARCEL. Il cuve son vin dans le hangar. Allez !

MAURICE. Mais, Hélène ?... Elle est seule ?

MARCEL. Je vais la rejoindre... n'ayez pas peur.

MAURICE. Va vite... et attendez-moi. (Il entre dans le pavillon.)

SCÈNE VI.

(La nuit est tout à fait venue.)

MARCEL. Allons vite... (Il va sortir par le fond, s'arrêtant.) Hein ? (Prêtant l'oreille.) Il me semblait avoir entendu... Non, personne. N'importe ! prenons par là... c'est le plus court. (Il sort à droite par le premier plan.)

SCÈNE VII.

FOLBERT, enveloppé d'un manteau, et tenant une lanterne sourde. Il paraît au fond, à droite. Tout est calme... Faustin a suivi mes instructions... il s'est retiré... Marcel aussi... Voici le pavillon... tout ce qui peut me perdre... l'homme et la preuve sont là !... Un seul coup peut me sauver... J'ai tout prévu... il ne me faut que du sang-froid... Ce pistolet à côté de lui... cet autre, en cas de malheur... Allons, pas de faiblesse... entrons !... (Il prend le passe-partout, et ouvre.) Pas de lumière. Allons ! (Il entre.)

SCÈNE VIII.

MARCEL, HÉLÈNE, puis FOLBERT, puis MAURICE.

MARCEL, à Hélène. Est-ce heureux que j'aie été au-devant de vous !... Vous vous étiez égarée... vous feriez mieux de vous embarquer ici, avec lui.

HÉLÈNE. Où suis-je donc ?

MARCEL. Voici le pavillon, et... (On entend un coup de feu.)

HÉLÈNE. Ah ! mon Dieu !

MARCEL. Qu'est-ce que c'est que ça ?...

FOLBERT, sortant du pavillon avec le portefeuille. Je le tiens ! et maintenant...

MARCEL. Qui va là ?...

FOLBERT. Quelqu'un !... (A part.) De l'audace !

HÉLÈNE. Monsieur de Folbert !

FOLBERT. Hélène !

HÉLÈNE. Parlez !...

FOLBERT. Un affreux malheur !... On était à la recherche du condamné... Il vous intéressait... j'ai voulu le prévenir... Mais, mon trouble... se croyant arrêté, le malheureux !...

HÉLÈNE. Eh bien ?...

FOLBERT. Il s'est tué...

HÉLÈNE. Tué !... Ah ! Maurice !... Maurice ! (Elle court vers le pavillon.)

UNE VOIX, au fond. Hélène ! (Maurice paraît sur la barque.)

HÉLÈNE. Ah ! Maurice !... Vivant !

MAURICE, s'élançant à terre, et se précipitant dans les bras d'Hélène. Chère Hélène !

HÉLÈNE. Ah !

FOLBERT, stupéfait. Maurice !... Qui donc ai-je tué ?

SCÈNE IX.

LES MÊMES, KERVEGUEN, et des SERVITEURS apportant des flambeaux. Le théâtre s'éclaire.

KERVEGUEN. Quel est ce tumulte ? C'est un ordre de paix que j'apporte ici... Monsieur de Rochebrune, Sa Majesté m'a accordé ma demande ; votre procès sera révisé, et vous êtes libre sous caution.

MAURICE. Ah ! monsieur !

MARCEL, sortant tout effaré du pavillon. Ah ! mon pauvre parrain !... assassiné !...

TOUS. Assassiné !...

MARCEL, montrant Folbert. Et voilà l'assassin !...

KERVEGUEN, apercevant Folbert. M. de Folbert !

MARCEL. Une fière canaille, allez, mon amiral !... Ce n'est pas à mon parrain qu'il en voulait, c'était à M. Maurice.

FOLBERT. Moi ! et pourquoi ?

FAUSTIN, tout sanglant, paraissant sur la porte du pavillon, et se soutenant à peine. Pour voler le portefeuille rouge !...

FOLBERT, reculant. Ah !...

FAUSTIN. Celui de... de Duromé !... (Il retombe et meurt.)

MAURICE. Duromé ! (Il s'élance vers Folbert ; M. de Kerveguen l'arrête, et fait signe à deux serviteurs, qui se jettent sur Folbert, et lui prennent le portefeuille.)

MAURICE. Voyez, amiral, voyez... Le reçu des quarante mille francs doit s'y trouver... le prix de la parure... la preuve de mon innocence !

KERVEGUEN. Le voilà !

MAURICE, embrassant Hélène. Hélène !

KERVEGUEN, retirant un autre papier. Et cette lettre de change !... (A Folbert.) De vous !

FOLBERT. Tout est perdu !... (Il profite d'un moment où il est libre, et tire de sa poche un autre pistolet pour se tuer.)

KERVEGUEN, faisant signe aux hommes qui l'entourent. Arrêtez !... Cet homme est réservé à la justice !... Qu'il vive assez, marquis de Rochebrune, pour faire éclater votre innocence !

HÉLÈNE, à Maurice. Votre devise est sainte, mon ami ! « *Dieu seul nous sauve !* »

MARCEL, à Folbert. Ah ! brigand ! te voilà pris !... Ah ! dans ma joie... je crois que j'embrasserais... l'orang-outang !

FIN.

www.ingramcontent.com/pod-product-compliance
Lightning Source LLC
Chambersburg PA
CBHW070427080426
42450CB00030B/1818